BRIAN GAGG

WORTSUCHRÄTSEL
3 in 1 SAMMELBAND
WINTER, WEIHNACHTEN und BIBELVERSE

Bibliografische Information der Deutschen Nationalbibliothek:
Die Deutsche Nationalbibliothek verzeichnet diese Publikation in der Deutschen Nationalbibliografie; detaillierte bibliografische Daten sind im Internet über http://dnb.dnb.de abrufbar.

Herstellung und Verlag: BoD – Books on Demand, Norderstedt
ISBN: 9783754343906

Inhaltsangabe Seite

Einleitung

Auf den folgenden Seiten finden sich thematisch sortierte Wortsuchrätsel.
Um ein Wortsuchrätsel zu lösen, müssen alle jeweils aufgelisteten Worte in der darüber befindlichen Buchstabenmatrix gefunden werden. Ist ein Wort gefunden, sollte es mit einem Stift umkreist und das gefundene Wort aus der Liste gestrichen werden. Sind alle Worte aus der Liste gefunden, ist das Rätsel gelöst. Bei Schwierigkeiten ein Rätsel zu lösen, kann die Lösung jeweils auf der Rückseite nachgeschaut werden. Die zu findenden Worte sind jeweils als ganzes (d.h. immer nur in einer Richtung und ungebrochen) in der Matrix nach folgenden Regeln versteckt:

- Suchworte können sich überlagern, d.h. ein Buchstabenkästchen kann von mehreren Suchworten genutzt sein.

- Worte können vorwärts, rückwärts, horizontal, vertikal oder diagonal in der Matrix versteckt sein.

- Suchworte stehen für sich alleine und sind unter- oder nebeneinander aufgelistet.

C	P	W	O	L	L	D	E	C	K	E	H	U	I	M	M	L	N	F
Q	H	Q	Z	O	T	K	E	Q	D	Y	N	G	P	U	G	M	L	K
K	B	L	C	B	X	F	U	T	U	F	A	K	S	C	K	G	P	G
I	U	B	R	X	M	V	X	N	Y	J	R	P	K	M	W	S	T	U
N	E	F	P	A	Z	N	E	N	N	A	T	R	I	S	A	Z	A	Z
S	Y	D	F	I	S	A	G	M	S	G	I	E	N	M	D	Q	T	M
Y	Z	Q	I	N	M	D	C	O	U	W	W	Q	M	S	X	Q	V	U
R	B	M	N	E	L	D	S	S	I	G	E	E	O	M	I	T	G	N
B	Y	J	P	F	S	B	J	N	E	R	L	W	F	Q	M	K	Q	E
Y	N	E	O	U	F	W	T	V	P	N	I	Z	V	R	J	H	J	N
U	M	S	M	A	Z	E	Q	B	W	N	E	F	Y	A	U	N	A	R
T	B	E	X	L	R	M	P	U	T	L	L	H	B	H	D	M	H	E
R	N	Y	L	E	D	S	V	E	V	T	B	E	C	M	H	I	R	T
R	N	Z	I	U	V	C	R	O	J	O	H	S	K	A	L	M	E	A
B	A	S	D	T	A	Z	J	X	Q	O	T	S	Q	Y	M	V	Z	L
B	P	N	E	X	A	R	A	K	L	T	E	B	E	F	T	B	E	J
X	O	U	T	U	B	U	F	L	I	Q	O	O	S	R	X	A	I	S
L	X	O	B	K	O	I	E	L	X	X	U	E	M	M	P	H	T	W
M	L	E	R	V	R	Z	H	I	G	S	N	G	L	Z	V	A	C	W
M	R	G	J	V	D	C	T	V	Z	O	Y	Q	W	I	J	L	O	A
I	V	R	B	J	S	W	U	Y	J	Z	A	C	G	H	W	G	M	M
L	R	E	F	P	I	K	E	L	L	I	N	A	V	H	Z	K	V	Y
P	I	D	O	B	M	M	V	X	X	V	E	Y	E	L	K	N	U	D
K	V	O	P	E	Z	W	X	M	U	G	G	O	C	V	Q	A	S	U

1

VANILLEKIPFERL
DUNKLE JAHREZEIT
SCHLITTSCHUH LAUFEN
TANNENZAPFEN SAMMELN
LATERNENUMZUG MACHEN

WINTERZAUBER
FRAU HOLLE
WOLLDECKE
WINTEREIS
APRES SKI

Lösung

C	P	W	O	L	L	D	E	C	K	E	H	U	I	M	M	L	N	F
Q	H	Q	Z	O	T	K	E	Q	D	Y	N	G	P	U	G	M	L	K
K	B	L	C	B	X	F	U	T	U	F	A	K	S	C	K	G	P	G
I	U	B	R	X	M	V	X	N	Y	J	R	P	K	M	W	S	T	U
N	E	F	P	A	Z	N	E	N	N	A	T	R	I	S	A	Z	A	Z
S	Y	D	F	I	S	A	G	M	S	G	I	E	N	M	D	Q	T	M
Y	Z	Q	I	N	M	D	C	O	U	W	W	Q	M	S	X	Q	V	U
R	B	M	N	E	L	D	S	S	I	G	E	E	O	M	I	T	G	N
B	Y	J	P	F	S	B	J	N	E	R	L	W	F	Q	M	K	Q	E
Y	N	E	O	U	F	W	T	V	P	N	I	Z	V	R	J	H	J	N
U	M	S	M	A	Z	E	Q	B	W	N	E	F	Y	A	U	N	A	R
T	B	E	X	L	R	M	P	U	T	L	L	H	B	H	D	M	H	E
R	N	Y	L	E	D	S	V	E	V	T	B	E	C	M	H	I	R	T
R	N	Z	I	U	V	C	R	O	J	O	H	S	K	A	L	M	E	A
B	A	S	D	T	A	Z	J	X	Q	O	T	S	Q	Y	M	V	Z	L
B	P	N	E	X	A	R	A	K	L	T	E	B	E	F	T	B	E	J
X	O	U	T	U	B	U	F	L	I	Q	O	O	S	R	X	A	I	S
L	X	O	B	K	O	I	E	L	X	X	U	E	M	M	P	H	T	W
M	L	E	R	V	R	Z	H	I	G	S	N	G	L	Z	V	A	C	W
M	R	G	J	V	D	C	T	V	Z	O	Y	Q	W	I	J	L	O	A
I	V	R	B	J	S	W	U	Y	J	Z	A	C	G	H	W	G	M	M
L	R	E	F	P	I	K	E	L	L	I	N	A	V	H	Z	K	V	Y
P	I	D	O	B	M	M	V	X	X	V	E	Y	E	L	K	N	U	D
K	V	O	P	E	Z	W	X	M	U	G	G	O	C	V	Q	A	S	U

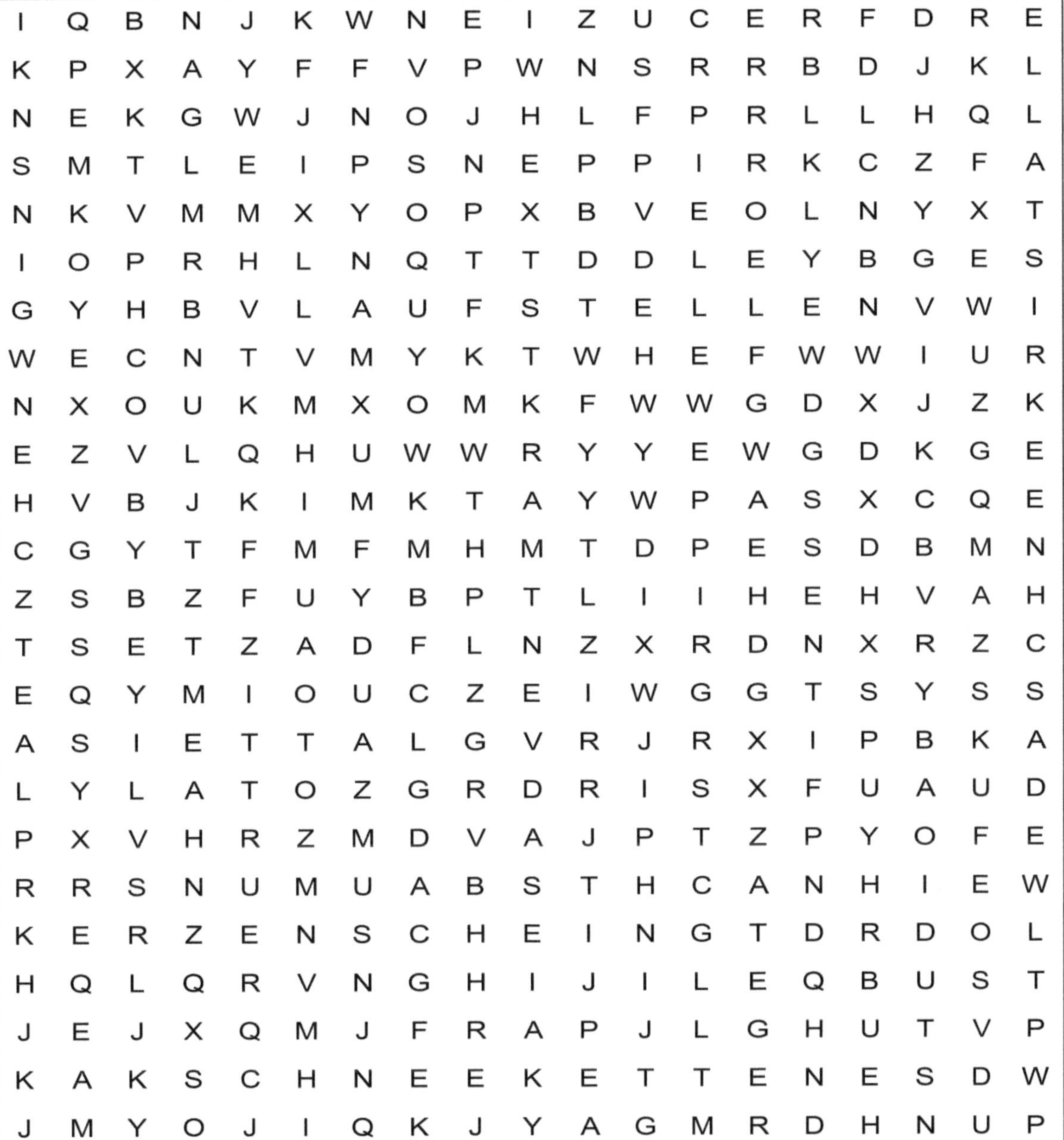

2

GLATTEIS
SCHNEEKETTEN
SCHNEEKRISTALLE
INS FITNESS STUDIO GEHEN
WEIHNACHTSBAUM AUFSTELLEN

ADVENTMARKT
KERZENSCHEIN
KRIPPENSPIEL
PLAETZCHEN
GRIPPEWELLE

Lösung

I Q B N J K W N E I Z U C E R F D R E
K P X A Y F F V P W N S R R B D J K L
N E K G W J N O J H L F P R L L H Q L
S M T L E I P S N E P P I R K C Z F A
N K V M M X Y O P X B V E O L N Y X T
I O P R H L N Q T T D D L E Y B G E S
G Y H B V L A U F S T E L L E N V W I
W E C N T V M Y K T W H E F W W I U R
N X O U K M X O M K F W W G D X J Z K
E Z V L Q H U W W R Y Y E W G D K G E
H V B J K I M K T A Y W P A S X C Q E
C G Y T F M F M H M T D P E S D B M N
Z S B Z F U Y B P T L I I H E H V A H
T S E T Z A D F L N Z X R D N X R Z C
E Q Y M I O U C Z E I W G G T S Y S S
A S I E T T A L G V R J R X I P B K A
L Y L A T O Z G R D R I S X F U A U D
P X V H R Z M D V A J P T Z P Y O F E
R R S N U M U A B S T H C A N H I E W
K E R Z E N S C H E I N G T D R D O L
H Q L Q R V N G H I J I L E Q B U S T
J E J X Q M J F R A P J L G H U T V P
K A K S C H N E E K E T T E N E S D W
J M Y O J I Q K J Y A G M R D H N U P

P	N	N	L	A	F	X	R	K	D	J	S	S	Z	V	N	R	V	C
S	U	X	K	R	X	U	L	T	E	T	D	H	V	C	E	N	V	M
Q	A	I	A	V	W	N	F	Q	Q	Q	Z	Z	V	U	T	Z	M	U
Y	I	K	U	D	D	F	T	T	V	W	F	P	W	E	S	E	I	Z
Y	N	W	F	F	N	Q	J	N	U	B	O	I	J	Q	C	R	S	O
K	A	U	E	T	Y	Q	R	A	H	F	N	S	T	I	H	K	T	N
E	U	B	N	I	A	K	N	B	Q	T	I	U	I	J	N	A	E	B
O	S	E	O	D	X	N	D	Y	E	D	M	Y	Y	X	E	E	L	G
N	T	S	S	P	N	Z	N	R	E	K	T	Z	E	E	E	L	Z	I
E	C	A	E	S	S	U	Z	E	T	S	W	Z	U	I	F	T	W	R
R	U	N	O	N	E	E	U	S	N	N	H	E	H	N	R	U	E	E
E	N	S	F	D	I	N	B	C	C	D	Q	Z	F	T	E	N	I	T
I	H	R	P	T	R	U	Q	H	I	A	U	O	Y	O	I	G	G	T
R	F	S	E	L	M	F	N	N	Y	G	R	F	Z	P	E	N	S	U
U	M	X	M	I	W	I	F	E	C	C	L	K	T	F	S	G	Z	F
K	X	C	N	M	E	L	N	E	H	L	F	G	E	Q	Q	S	F	L
S	D	X	X	D	I	F	Y	K	K	C	D	G	Y	C	D	Z	H	E
U	F	T	I	Z	O	X	B	A	F	V	O	W	F	M	D	G	A	G
A	K	A	E	S	E	F	O	N	D	U	E	K	N	O	Y	A	Z	O
J	A	G	S	S	V	I	U	O	B	J	K	B	E	T	P	T	K	V
B	X	B	M	V	G	Z	Z	N	Z	T	I	X	F	K	P	C	B	Y
D	A	T	S	W	I	N	E	E	L	E	B	Z	O	G	C	N	O	M
I	D	R	Y	L	H	F	B	H	I	A	R	Y	S	N	I	A	X	C
S	L	N	E	T	H	C	A	N	H	I	E	W	U	N	T	E	R	M

EINTOPF KOCHEN
WEIHNACHTEN FEIERN
VOGELFUTTER KAUFEN
ERKAELTUNG AUSKURIEREN
UNTERM MISTELZWEIG KUESSEN

KAESEFONDUE ESSEN
SCHNEEKANONE
TANNENDUFT
WINTERZEIT
SCHNEEFREI

Lösung

P N N L A F X R K D J S S Z V N R V C
S U X K R X U L T E T D H V C E N V M
Q A I A V W N F Q Q Q Z Z V U T Z M U
Y I K U D D F T T V W F P W E S E I Z
Y N W F F N Q J N U B O I J Q C R S O
K A U E T Y Q R A H F N S T I H K T N
E U B N I A K N B Q T I U I J N A E B
O S E O D X N D Y E D M Y Y X E E L G
N T S S P N Z N R E K T Z E E E L Z I
E C A E S S U Z E T S W Z U I F T W R
R U N O N E E U S N N H E H N R U E E
E N S F D I N B C C D Q Z F T E N I T
I H R P T R U Q H I A U O Y O I G G T
R F S E L M F N N Y G R F Z P E N S U
U M X M I W I F E C C L K T F S G Z F
K X C N M E L N E H L F G E Q Q S F L
S D X X D I F Y K K C D G Y C D Z H E
U F T I Z O X B A F V O W F M D G A G
A K A E S E F O N D U E K N O Y A Z O
J A G S S V I U O B J K B E T P T K V
B X B M V G Z Z N Z T I X F K P C B Y
D A T S W I N E E L E B Z O G C N O M
I D R Y L H F B H I A R Y S N I A X C
S L N E T H C A N H I E W U N T E R M

P	E	U	R	N	X	Q	C	F	W	D	Q	U	V	U	Q	P	X	R
U	O	F	M	R	U	T	S	R	E	T	N	I	W	D	Q	F	N	G
L	N	E	N	H	W	Q	F	J	E	Q	M	V	N	H	S	X	A	A
V	L	P	I	K	U	N	E	T	N	E	S	C	O	V	X	X	E	Z
E	Z	T	L	A	U	F	E	N	A	N	U	A	S	B	K	C	T	H
R	N	T	M	R	Z	R	J	W	F	M	C	G	U	F	P	K	D	A
S	G	R	R	R	Z	W	G	K	V	W	C	V	W	F	C	G	K	N
C	E	I	E	R	J	M	L	P	Z	O	M	E	U	O	Y	O	Z	H
H	U	Q	I	T	Y	X	T	F	K	G	U	J	T	X	T	Z	L	W
N	W	T	Z	Z	T	B	J	F	E	N	I	Y	J	B	F	Q	G	S
E	W	H	B	F	U	E	W	O	L	L	S	O	C	K	E	N	C	S
E	C	W	D	P	F	U	U	E	S	H	N	R	J	J	I	N	A	C
J	E	A	E	R	L	J	W	F	K	V	N	Y	B	U	Y	O	J	H
C	I	I	B	S	D	G	T	Q	F	U	Q	C	S	E	Q	L	Q	L
C	P	F	T	E	W	A	Y	W	F	A	Z	Z	F	F	P	Z	E	I
S	M	B	P	Y	N	P	O	G	N	H	T	D	K	Z	E	T	U	T
S	I	S	P	X	E	D	M	H	C	Y	U	X	E	T	J	G	K	T
A	M	V	X	H	C	C	G	M	W	C	E	J	I	P	D	G	Y	S
L	E	F	E	I	T	S	E	E	N	H	C	S	D	S	Z	I	F	C
Y	G	M	E	G	B	O	D	P	A	R	K	I	Z	S	X	L	Q	H
Q	H	X	J	Z	X	Y	P	V	O	Z	M	C	G	L	G	I	C	U
N	E	H	C	Z	T	E	A	L	P	Y	N	B	A	C	K	E	N	H
D	K	K	L	V	M	G	E	H	E	N	Z	I	F	V	H	H	H	C
U	A	J	H	J	Z	E	H	E	W	E	E	N	H	C	S	X	M	H

SCHNEESTIEFEL
IN DIE SAUNA GEHEN
PLAETZCHEN BACKEN
SCHLITTSCHUH LAUFEN
ENTEN IM PARK FUETTERN

PULVERSCHNEE
WINTERSTURM
WOLLSOCKEN
SCHNEEWEHE
HEILIG ABEND

Lösung

P	E	U	R	N	X	Q	C	F	W	D	Q	U	V	U	Q	P	X	R
U	O	F	M	R	U	T	S	R	E	T	N	I	W	D	Q	F	N	G
L	N	E	N	H	W	Q	F	J	E	Q	M	V	N	H	S	X	A	A
V	L	P	I	K	U	N	E	T	N	E	S	C	O	V	X	X	E	Z
E	Z	T	L	A	U	F	E	N	A	N	U	A	S	B	K	C	T	H
R	N	T	M	R	Z	R	J	W	F	M	C	G	U	F	P	K	D	A
S	G	R	R	R	Z	W	G	K	V	W	C	V	W	F	C	G	K	N
C	E	I	E	R	J	M	L	P	Z	O	M	E	U	O	Y	O	Z	H
H	U	Q	I	T	Y	X	T	F	K	G	U	J	T	X	T	Z	L	W
N	W	T	Z	Z	T	B	J	F	E	N	I	Y	J	B	F	Q	G	S
E	W	H	B	F	U	E	W	O	L	L	S	O	C	K	E	N	C	S
E	C	W	D	P	F	U	U	E	S	H	N	R	J	J	I	N	A	C
J	E	A	E	R	L	J	W	F	K	V	N	Y	B	U	Y	O	J	H
C	I	I	B	S	D	G	T	Q	F	U	Q	C	S	E	Q	L	Q	L
C	P	F	T	E	W	A	Y	W	F	A	Z	Z	F	F	P	Z	E	I
S	M	B	P	Y	N	P	O	G	N	H	T	D	K	Z	E	T	U	T
S	I	S	P	X	E	D	M	H	C	Y	U	X	E	T	J	G	K	T
A	M	V	X	H	C	C	G	M	W	C	E	J	I	P	D	G	Y	S
L	E	F	E	I	T	S	E	E	N	H	C	S	D	S	Z	I	F	C
Y	G	M	E	G	B	O	D	P	A	R	K	I	Z	S	X	L	Q	H
Q	H	X	J	Z	X	Y	P	V	O	Z	M	C	G	L	G	I	C	U
N	E	H	C	Z	T	E	A	L	P	Y	N	B	A	C	K	E	N	H
D	K	K	L	V	M	G	E	H	E	N	Z	I	F	V	H	H	H	C
U	A	J	H	J	Z	E	H	E	W	E	E	N	H	C	S	X	M	H

J	S	F	Z	Y	L	B	Z	L	W	Q	U	B	X	Y	G	A	S	L
Q	J	E	J	U	A	F	J	I	S	T	C	K	L	K	S	H	S	D
Q	N	D	C	B	Y	B	U	C	Y	N	A	G	J	G	F	P	F	U
N	M	L	F	R	K	Q	F	H	E	T	H	A	N	U	M	Y	I	S
N	B	D	G	Z	S	D	R	T	F	G	A	J	F	T	D	Z	T	C
W	I	N	T	E	R	M	A	E	R	C	H	E	N	F	G	I	S	H
C	F	M	V	O	U	Q	L	R	V	O	D	N	F	G	O	Z	C	E
A	M	A	T	P	V	I	P	G	S	K	G	S	X	G	M	F	H	N
E	D	R	E	I	R	K	U	L	S	M	L	P	P	W	D	S	N	M
I	L	F	A	Z	E	T	D	A	I	G	N	U	R	O	O	F	E	E
F	U	A	N	F	S	K	Y	N	E	D	L	T	L	H	H	N	E	B
W	Q	H	V	D	K	L	H	Z	H	L	I	W	D	N	B	L	F	W
M	L	R	O	S	C	L	N	C	O	M	V	T	S	U	V	Q	L	I
B	K	E	O	V	C	A	I	V	I	S	K	C	C	N	I	K	O	N
K	B	N	V	M	F	I	E	R	V	L	H	J	A	G	M	A	C	T
A	E	N	H	B	D	R	N	Z	R	N	N	D	S	J	R	G	K	E
E	L	I	W	D	S	I	V	S	E	E	D	N	J	E	G	D	E	R
L	V	G	X	P	K	K	V	E	X	K	N	C	I	W	B	R	B	D
T	L	U	V	S	Y	N	M	G	N	D	I	D	B	S	O	P	C	E
E	A	J	D	N	X	A	E	L	N	E	O	D	E	T	E	N	A	K
E	Y	D	E	Y	N	X	D	X	T	M	A	T	Y	K	L	B	V	O
X	P	U	B	N	P	C	R	B	T	S	A	G	R	P	B	A	P	F
E	A	Z	A	A	C	V	X	L	C	U	H	W	S	L	V	S	J	X
B	Y	I	L	A	A	Q	I	E	S	T	L	N	H	S	K	T	Z	W

HEISS DUSCHEN
KLIRRENDE KAELTE
WINTERMAERCHEN
SCHNEEMANN BAUEN
WOHNUNG MIT WINTERDEKO

BESINNLICHKEIT
SCHNEEFLOCKE
LICHTERGLANZ
SKI FAHREN
PULLOVER

Lösung

J S F Z Y L B Z L W Q U B X Y G A S L
Q J E J U A F J I S T C K L K S H S D
Q N D C B Y B U C Y N A G J G F P F U
N M L F R K Q F H E T H A N U M Y I S
N B D G Z S D R T F G A J F T D Z T C
W I N T E R M A E R C H E N F G I S H
C F M V O U Q L R V O D N F G O Z C E
A M A T P V I P G S K G S X G M F H N
E D R E I R K U L S M L P P W D S N M
I L F A Z E T D A I G N U R O O F E E
F U A N F S K Y N E D L T L H H N E B
W Q H V D K L H Z H L I W D N B L F W
M L R O S C L N C O M V T S U V Q L I
B K E O V C A I V I S K C C N I K O N
K B N V M F I E R V L H J A G M A C T
A E N H B D R N Z R N N D S J R G K E
E L I W D S I V S E E D N J E G D E R
L V G X P K K V E X K N C I W B R B D
T L U V S Y N M G N D I D B S O P C E
E A J D N X A E L N E O D E T E N A K
E Y D E Y N X D X T M A T Y K L B V O
X P U B N P C R B T S A G R P B A P F
E A Z A A C V X L C U H W S L V S J X
B Y I L A A Q I E S T L N H S K T Z W

X U C E E M E G X S O N N F D X T N Z
F M B K M K A O Y U U F O F K Q Z V S
Q S W C Q B Y J A T Z G I U N U B O P
T J C E J F Q S V V F K H W Q Z I W R
H E G D T M P K C J A O H G Y G D A J
S N V E U J Z S U U C G Z C M G K Y J
E T R E T T E U F E G M V K Z R S S H
I W M N Q T D E Y I V V H A V O G C J
S X S H W I N T E R F E L D Z W H M S
R P O C K P S H U S T E N K B Y S L P
N R B S O V O V I X L H C T T S B B L
G G N A G R E I Z A P S R E T N I W D
O G N U R E T T E U F R E T N I W A O
M F B M W Q T A N N E N Z W E I G E L
G H N I J B U A L R U R E T N I W U I
W I D P B W S G Z S R N T H E V T Z I
H C U H O B I Z C E E M J W K J G B J
R R I V R H I H R U S H Q R C Z D X R
A U L K A J A C R F M Q S G A F A B F
L R N K F L E G Q Q L M K V J Y X C L
C M K X H K G G D H D W B I H V P K S
Y C D S Z J P A H B O U R M A Y A C J
X Q Q T D H F A X F O C U L B I L D A
M T A N N E N B A U M R N W R R K A H

GEFUETTERTE JACKE
WINTERFUETTERUNG
WINTERSPAZIERGANG
TANNENBAUM KAUFEN
GRUENE TANNENZWEIGE

WINTERURLAUB
SCHNEEDECKE
WINTERFELD
HUSTEN
SCHAL

Lösung

X U C E E M E G X S O N N F D X T N Z
F M B K M K A O Y U U F O F K Q Z V S
Q S W C Q B Y J A T Z G I U N U B O P
T J C E J F Q S V V F K H W Q Z I W R
H E G D T M P K C J A O H G Y G D A J
S N V E U J Z S U U C G Z C M G K Y J
E T R E T T E U F E G M V K Z R S S H
I W M N Q T D E Y I V V H A V O G C J
S X S H W I N T E R F E L D Z W H M S
R P O C K P S H U S T E N K B Y S L P
N R B S O V O V I X L H C T T S B B L
G G N A G R E I Z A P S R E T N I W D
O G N U R E T T E U F R E T N I W A O
M F B M W Q T A N N E N Z W E I G E L
G H N I J B U A L R U R E T N I W U I
W I D P B W S G Z S R N T H E V T Z I
H C U H O B I Z C E E M J W K J G B J
R R I V R H I H R U S H Q R C Z D X R
A U L K A J A C R F M Q S G A F A B F
L R N K F L E G Q Q L M K V J Y X C L
C M K X H K G G D H D W B I H V P K S
Y C D S Z J P A H B O U R M A Y A C J
X Q Q T D H F A X F O C U L B I L D A
M T A N N E N B A U M R N W R R K A H

T	R	N	X	L	W	P	B	T	J	T	R	V	P	E	J	U	T	F
F	R	U	E	H	L	I	N	G	C	S	D	X	X	R	Y	V	X	O
N	F	M	K	K	S	B	C	I	C	L	N	C	T	S	K	Z	G	V
X	W	R	L	V	E	C	E	B	G	K	W	A	O	K	Y	H	U	K
D	A	D	O	T	B	C	V	I	K	C	U	N	A	C	G	C	H	N
T	K	Z	T	K	U	W	F	L	M	R	W	H	T	B	R	D	R	E
O	E	B	R	B	T	T	L	C	L	I	E	M	D	K	D	C	T	G
W	N	L	G	C	S	V	H	V	N	A	T	R	M	J	M	B	S	N
E	I	I	J	J	X	T	W	T	U	U	F	E	H	T	K	V	U	I
I	W	T	W	I	D	N	E	X	S	Z	L	E	Z	A	G	J	E	S
H	A	Z	W	Q	O	R	X	E	Z	X	P	R	E	V	F	B	V	E
N	L	E	A	L	H	G	H	Y	Y	N	F	I	W	N	R	I	D	O
A	H	I	H	A	P	N	H	P	R	C	H	I	X	E	H	I	K	F
C	C	S	R	L	E	X	D	A	M	S	J	A	H	T	D	C	U	S
H	A	T	I	N	Q	N	C	N	Z	M	P	T	B	E	J	H	S	J
T	D	W	I	N	T	E	R	K	L	E	I	D	H	L	M	E	P	X
S	Z	P	U	S	R	W	J	P	J	N	Q	V	F	D	E	R	X	A
L	P	V	O	B	B	I	S	I	O	O	R	A	B	E	U	D	A	T
I	I	U	O	Q	J	S	F	T	B	H	W	D	K	L	D	T	O	W
E	U	Y	O	F	F	Q	A	A	J	W	Z	T	F	B	P	S	X	R
D	U	V	H	K	S	Q	F	F	U	A	T	Q	B	L	K	C	B	C
E	O	L	J	A	W	V	U	B	M	V	U	T	I	P	Z	H	K	E
R	Q	D	H	X	W	B	T	X	J	E	S	I	B	T	B	L	F	S
P	N	N	Z	C	K	H	C	G	I	P	E	N	Y	D	V	S	W	L

WINTERHART
WINTERKLEID
WARME STUBE
FRUEHLING HERBEI SEHNEN
WEIHNACHTSLIEDER SINGEN

DACHLAWINE
SCHNEEFALL
RODELBAHN
SKIFAHRER
BLITZEIS

Lösung

T	R	N	X	L	W	P	B	T	J	T	R	V	P	E	J	U	T	F
F	R	U	E	H	L	I	N	G	C	S	D	X	X	R	Y	V	X	O
N	F	M	K	K	S	B	C	I	C	L	N	C	T	S	K	Z	G	V
X	W	R	L	V	E	C	E	B	G	K	W	A	O	K	Y	H	U	K
D	A	D	O	T	B	C	V	I	K	C	U	N	A	C	G	C	H	N
T	K	Z	T	K	U	W	F	L	M	R	W	H	T	B	R	D	R	E
O	E	B	R	B	T	T	L	C	L	I	E	M	D	K	D	C	T	G
W	N	L	G	C	S	V	H	V	N	A	T	R	M	J	M	B	S	N
E	I	I	J	J	X	T	W	T	U	U	F	E	H	T	K	V	U	I
I	W	T	W	I	D	N	E	X	S	Z	L	E	Z	A	G	J	E	S
H	A	Z	W	Q	O	R	X	E	Z	X	P	R	E	V	F	B	V	E
N	L	E	A	L	H	G	H	Y	Y	N	F	I	W	N	R	I	D	O
A	H	I	H	A	P	N	H	P	R	C	H	I	X	E	H	I	K	F
C	C	S	R	L	E	X	D	A	M	S	J	A	H	T	D	C	U	S
H	A	T	I	N	Q	N	C	N	Z	M	P	T	B	E	J	H	S	J
T	D	W	I	N	T	E	R	K	L	E	I	D	H	L	M	E	P	X
S	Z	P	U	S	R	W	J	P	J	N	Q	V	F	D	E	R	X	A
L	P	V	O	B	B	I	S	I	O	O	R	A	B	E	U	D	A	T
I	I	U	O	Q	J	S	F	T	B	H	W	D	K	L	D	T	O	W
E	U	Y	O	F	F	Q	A	A	J	W	Z	T	F	B	P	S	X	R
D	U	V	H	K	S	Q	F	F	U	A	T	Q	B	L	K	C	B	C
E	O	L	J	A	W	V	U	B	M	V	U	T	I	P	Z	H	K	E
R	Q	D	H	X	W	B	T	X	J	E	S	I	B	T	B	L	F	S
P	N	N	Z	C	K	H	C	G	I	P	E	N	Y	D	V	S	W	L

U	P	I	N	A	A	K	R	Y	B	G	G	Z	O	N	B	Y	Q	J
L	G	V	S	L	D	B	Y	C	I	Q	U	I	I	P	A	A	R	S
A	U	F	E	X	S	C	N	N	L	Y	G	S	U	L	R	W	R	C
L	Q	M	R	E	C	R	E	N	R	N	A	E	U	W	T	A	A	H
C	I	U	R	H	H	Q	K	Y	U	H	F	E	R	R	Q	H	S	N
D	V	T	K	U	N	I	D	B	K	O	V	W	T	D	Z	Q	G	E
Y	M	L	G	H	E	D	N	K	L	N	M	C	I	B	U	N	G	E
S	V	W	O	C	E	E	E	U	X	H	V	L	I	S	G	K	P	K
D	X	T	V	S	E	W	B	S	I	R	V	A	G	Z	E	N	G	U
C	S	C	B	T	N	Q	A	C	Y	B	W	Z	X	A	F	E	C	G
N	H	N	E	T	G	U	R	H	W	V	O	Q	C	E	R	M	J	E
O	I	Q	R	I	E	P	E	E	B	E	C	X	Q	Y	O	H	Q	L
Z	W	T	G	L	L	K	T	L	S	L	H	T	N	M	R	E	W	G
S	G	X	H	H	B	I	S	D	C	G	E	G	I	L	E	N	V	Y
U	R	R	U	C	J	L	E	E	H	B	N	U	A	L	N	U	I	I
N	F	I	E	S	C	O	V	C	N	Q	E	V	T	E	E	Z	Q	T
Z	W	R	T	J	Z	S	L	K	E	C	N	V	K	F	R	I	L	T
B	J	M	T	M	A	Y	I	E	E	A	D	G	T	R	A	K	P	P
Y	I	J	E	K	T	L	S	G	B	M	E	F	D	E	W	C	I	P
J	C	L	L	A	D	D	R	C	R	I	C	Z	Z	T	E	I	N	E
E	F	F	T	O	E	O	E	Z	E	T	Z	Q	D	N	S	H	B	F
Z	G	U	Q	G	I	H	A	N	T	B	K	G	O	I	I	W	W	T
A	R	F	V	J	M	R	I	V	T	S	N	Q	P	W	H	F	F	H
F	A	A	Y	S	B	G	A	D	F	X	E	E	Y	I	X	S	V	P

SCHLITTSCHUHE
SILVESTERABEND
ZUGEFRORENER SEE
EIN PAAR KILOS ZUNEHMEN
WOCHENENDE AUF BERGHUETTE

KUSCHELDECKE
SCHNEEKUGEL
SCHNEEBRETT
SCHNEEENGEL
WINTERFELL

Lösung

U	P	I	N	A	A	K	R	Y	B	G	G	Z	O	N	B	Y	Q	J
L	G	V	S	L	D	B	Y	C	I	Q	U	I	I	P	A	A	R	S
A	U	F	E	X	S	C	N	N	L	Y	G	S	U	L	R	W	R	C
L	Q	M	R	E	C	R	E	N	R	N	A	E	U	W	T	A	A	H
C	I	U	R	H	H	Q	K	Y	U	H	F	E	R	R	Q	H	S	N
D	V	T	K	U	N	I	D	B	K	O	V	W	T	D	Z	Q	G	E
Y	M	L	G	H	E	D	N	K	L	N	M	C	I	B	U	N	G	E
S	V	W	O	C	E	E	E	U	X	H	V	L	I	S	G	K	P	K
D	X	T	V	S	E	W	B	S	I	R	V	A	G	Z	E	N	G	U
C	S	C	B	T	N	Q	A	C	Y	B	W	Z	X	A	F	E	C	G
N	H	N	E	T	G	U	R	H	W	V	O	Q	C	E	R	M	J	E
O	I	Q	R	I	E	P	E	E	B	E	C	X	Q	Y	O	H	Q	L
Z	W	T	G	L	L	K	T	L	S	L	H	T	N	M	R	E	W	G
S	G	X	H	H	B	I	S	D	C	G	E	G	I	L	E	N	V	Y
U	R	R	U	C	J	L	E	E	H	B	N	U	A	L	N	U	I	I
N	F	I	E	S	C	O	V	C	N	Q	E	V	T	E	E	Z	Q	T
Z	W	R	T	J	Z	S	L	K	E	C	N	V	K	F	R	I	L	T
B	J	M	T	M	A	Y	I	E	E	A	D	G	T	R	A	K	P	P
Y	I	J	E	K	T	L	S	G	B	M	E	F	D	E	W	C	I	P
J	C	L	L	A	D	D	R	C	R	I	C	Z	Z	T	E	I	N	E
E	F	F	T	O	E	O	E	Z	E	T	Z	Q	D	N	S	H	B	F
Z	G	U	Q	G	I	H	A	N	T	B	K	G	O	I	I	W	W	T
A	R	F	V	J	M	R	I	V	T	S	N	Q	P	W	H	F	F	H
F	A	A	Y	S	B	G	A	D	F	X	E	E	Y	I	X	S	V	P

U	M	L	T	Z	J	X	D	A	Y	B	X	K	D	N	J	E	O	S
Y	I	E	U	N	R	E	T	N	I	W	R	E	B	E	U	Z	P	W
S	L	F	Z	E	X	N	J	M	I	F	E	I	E	R	N	I	Z	S
R	C	H	J	D	M	E	Q	C	N	F	J	X	I	F	W	A	N	E
E	A	H	C	H	T	G	Q	L	N	E	H	C	U	S	E	B	I	I
U	M	M	N	Z	B	E	O	B	A	C	H	T	E	N	R	D	W	N
I	U	O	S	E	L	I	S	J	A	J	K	F	R	S	C	S	E	Z
P	G	H	J	V	E	L	O	J	A	Z	S	B	S	T	Y	K	G	B
S	T	B	G	Q	A	F	J	P	S	B	W	T	K	L	C	G	W	D
J	K	F	G	N	V	M	M	D	Y	N	F	L	V	E	O	O	N	N
B	O	M	M	E	L	M	U	E	T	Z	E	E	D	E	F	E	E	R
N	L	E	H	C	S	U	K	N	I	E	S	H	R	B	L	R	K	S
Z	T	Z	C	V	H	C	W	O	Y	T	Q	N	G	P	C	S	C	T
J	S	H	K	O	S	O	U	O	E	E	V	O	U	X	A	T	O	R
J	Q	J	E	O	M	X	N	R	N	H	K	Y	F	Y	Q	E	L	O
S	K	G	N	P	D	S	I	T	O	Q	N	E	U	A	I	L	F	H
T	V	N	B	P	I	V	F	V	U	I	F	J	O	I	Y	L	E	S
R	E	O	H	C	U	U	S	B	R	C	S	R	L	P	O	E	E	T
I	W	V	E	J	G	N	A	G	R	E	I	Z	A	P	S	N	N	E
C	A	A	S	O	U	S	Y	P	P	A	U	N	I	R	M	T	H	R
K	R	W	Q	K	T	C	F	K	Z	D	E	P	R	P	M	W	C	N
E	M	Z	Y	E	T	M	U	S	E	U	M	Z	A	X	H	Z	S	E
N	E	J	L	Y	A	D	G	F	Q	H	Y	O	U	J	X	H	T	I
M	D	N	E	R	U	T	P	L	U	K	S	S	I	E	R	M	V	Z

9

SPAZIERGANG IM SCHNEE
STROHSTERNE BASTELN
EISSKULPTUREN ERSTELLEN
IN DIE SONNE FLIEGEN
BOMMELMUETZE STRICKEN
MUSEUM BESUCHEN
SCHNEEFLOCKEN BEOBACHTEN
SYLVESTER FEIERN
IN WARME DECKE EINKUSCHELN
UEBERWINTERN

Lösung

U	M	L	T	Z	J	X	D	A	Y	B	X	K	D	N	J	E	O	S
Y	I	E	U	N	R	E	T	N	I	W	R	E	B	E	U	Z	P	W
S	L	F	Z	E	X	N	J	M	I	F	E	I	E	R	N	I	Z	S
R	C	H	J	D	M	E	Q	C	N	F	J	X	I	F	W	A	N	E
E	A	H	C	H	T	G	Q	L	N	E	H	C	U	S	E	B	I	I
U	M	M	N	Z	B	E	O	B	A	C	H	T	E	N	R	D	W	N
I	U	O	S	E	L	I	S	J	A	J	K	F	R	S	C	S	E	Z
P	G	H	J	V	E	L	O	J	A	Z	S	B	S	T	Y	K	G	B
S	T	B	G	Q	A	F	J	P	S	B	W	T	K	L	C	G	W	D
J	K	F	G	N	V	M	M	D	Y	N	F	L	V	E	O	O	N	N
B	O	M	M	E	L	M	U	E	T	Z	E	E	D	E	F	E	E	R
N	L	E	H	C	S	U	K	N	I	E	S	H	R	B	L	R	K	S
Z	T	Z	C	V	H	C	W	O	Y	T	Q	N	G	P	C	S	C	T
J	S	H	K	O	S	O	U	O	E	E	V	O	U	X	A	T	O	R
J	Q	J	E	O	M	X	N	R	N	H	K	Y	F	Y	Q	E	L	O
S	K	G	N	P	D	S	I	T	O	Q	N	E	U	A	I	L	F	H
T	V	N	B	P	I	V	F	V	U	I	F	J	O	I	Y	L	E	S
R	E	O	H	C	U	U	S	B	R	C	S	R	L	P	O	E	E	T
I	W	V	E	J	G	N	A	G	R	E	I	Z	A	P	S	N	N	E
C	A	A	S	O	U	S	Y	P	P	A	U	N	I	R	M	T	H	R
K	R	W	Q	K	T	C	F	K	Z	D	E	P	R	P	M	W	C	N
E	M	Z	Y	E	T	M	U	S	E	U	M	Z	A	X	H	Z	S	E
N	E	J	L	Y	A	D	G	F	Q	H	Y	O	U	J	X	H	T	I
M	D	N	E	R	U	T	P	L	U	K	S	S	I	E	R	M	V	Z

N	M	L	A	M	E	T	T	A	E	U	R	W	B	T	H	T	J	K
T	N	D	F	K	F	N	X	H	B	C	I	R	H	R	I	W	Q	K
P	Z	J	S	L	I	T	S	Z	Z	K	H	B	C	U	E	Q	M	R
K	E	P	V	U	A	X	T	C	P	V	Y	M	S	J	W	T	L	E
C	K	R	G	D	Z	S	R	G	H	G	G	S	N	K	P	F	U	M
K	K	N	C	H	K	D	L	K	E	N	C	Y	U	P	O	Z	V	H
U	I	C	B	N	E	H	C	U	K	B	E	L	P	K	O	S	O	J
P	M	J	B	N	T	Q	O	A	M	T	N	E	H	V	H	V	T	R
Y	F	W	I	N	T	E	R	L	I	C	H	W	K	F	E	K	C	E
B	O	W	L	R	C	Q	N	J	W	C	W	M	M	O	P	U	I	E
Y	W	O	P	X	K	Y	S	A	O	U	X	K	T	Z	E	Y	S	E
D	S	V	Z	T	N	A	T	F	O	P	L	W	O	Q	K	N	I	C
X	B	I	O	I	E	M	R	O	W	Q	X	I	K	A	O	J	I	V
C	M	D	E	C	G	P	O	J	G	E	D	N	I	M	V	Y	Q	G
E	G	I	T	Z	E	U	P	K	L	D	F	T	X	C	Y	E	M	E
O	I	F	S	V	R	F	S	V	P	Q	F	E	F	A	L	V	H	J
S	B	W	E	C	S	A	R	C	P	S	H	R	H	H	K	X	K	H
X	X	W	F	T	I	N	E	I	M	Y	W	A	L	V	H	O	A	F
O	Y	T	R	O	E	M	T	D	Q	B	P	B	S	S	E	V	V	E
S	S	Z	E	V	V	Z	N	E	G	T	T	E	V	T	L	Q	W	T
H	Z	V	T	W	P	P	I	L	W	W	J	N	J	B	X	E	C	Z
X	Q	Z	N	S	X	T	W	S	H	D	Q	D	J	X	E	P	Z	J
B	V	N	I	Y	C	N	Z	M	H	T	T	J	K	D	V	K	R	W
F	M	D	W	R	O	J	E	A	R	T	A	C	S	E	X	R	V	I

10

WINTERLICH
WINTERFEST
WINTERSPORT
WINTERABEND
SCHNEEKOENIG

LEBKUCHEN
EISREGEN
LAMETTA
PINGUIN
PUNSCH

Lösung

N	M	L	A	M	E	T	T	A	E	U	R	W	B	T	H	T	J	K
T	N	D	F	K	F	N	X	H	B	C	I	R	H	R	I	W	Q	K
P	Z	J	S	L	I	T	S	Z	Z	K	H	B	C	U	E	Q	M	R
K	E	P	V	U	A	X	T	C	P	V	Y	M	S	J	W	T	L	E
C	K	R	G	D	Z	S	R	G	H	G	G	S	N	K	P	F	U	M
K	K	N	C	H	K	D	L	K	E	N	C	Y	U	P	O	Z	V	H
U	I	C	B	N	E	H	C	U	K	B	E	L	P	K	O	S	O	J
P	M	J	B	N	T	Q	O	A	M	T	N	E	H	V	H	V	T	R
Y	F	W	I	N	T	E	R	L	I	C	H	W	K	F	E	K	C	E
B	O	W	L	R	C	Q	N	J	W	C	W	M	M	O	P	U	I	E
Y	W	O	P	X	K	Y	S	A	O	U	X	K	T	Z	E	Y	S	E
D	S	V	Z	T	N	A	T	F	O	P	L	W	O	Q	K	N	I	C
X	B	I	O	I	E	M	R	O	W	Q	X	I	K	A	O	J	I	V
C	M	D	E	C	G	P	O	J	G	E	D	N	I	M	V	Y	Q	G
E	G	I	T	Z	E	U	P	K	L	D	F	T	X	C	Y	E	M	E
O	I	F	S	V	R	F	S	V	P	Q	F	E	F	A	L	V	H	J
S	B	W	E	C	S	A	R	C	P	S	H	R	H	H	K	X	K	H
X	X	W	F	T	I	N	E	I	M	Y	W	A	L	V	H	O	A	F
O	Y	T	R	O	E	M	T	D	Q	B	P	B	S	S	E	V	V	E
S	S	Z	E	V	V	Z	N	E	G	T	T	E	V	T	L	Q	W	T
H	Z	V	T	W	P	P	I	L	W	W	J	N	J	B	X	E	C	Z
X	Q	Z	N	S	X	T	W	S	H	D	Q	D	J	X	E	P	Z	J
B	V	N	I	Y	C	N	Z	M	H	T	T	J	K	D	V	K	R	W
F	M	D	W	R	O	J	E	A	R	T	A	C	S	E	X	R	V	I

N	W	W	M	B	F	Y	Y	F	E	O	L	E	F	I	U	M	T	W
O	C	G	L	C	M	U	A	J	J	W	P	R	J	V	X	E	W	W
G	C	I	K	E	S	O	M	M	E	R	U	R	L	A	U	B	H	F
R	N	E	D	A	L	E	B	E	E	N	H	C	S	R	Y	P	H	S
N	E	S	S	I	K	N	R	E	K	H	C	S	R	I	K	A	E	R
O	R	D	C	N	P	A	W	L	P	M	E	P	Y	C	C	E	Q	N
S	F	C	P	E	C	W	O	N	I	K	O	L	A	U	S	H	W	Q
Y	W	L	T	G	V	V	F	N	Y	B	R	Y	M	B	S	C	U	S
J	E	Q	P	U	D	E	L	M	U	E	T	Z	E	N	W	S	O	A
L	I	Y	W	X	D	D	D	J	R	M	A	K	P	E	U	A	Z	J
E	E	J	G	D	U	J	S	K	C	J	I	V	Z	G	N	L	S	A
M	L	N	V	T	Y	H	P	U	Q	K	O	E	D	R	S	F	I	G
X	V	A	D	I	C	K	P	H	B	U	C	G	Z	O	C	M	A	R
Z	G	D	O	F	A	Z	J	Z	Y	U	T	M	J	M	H	R	D	H
Y	R	S	P	U	V	I	D	Z	A	J	O	T	S	R	Z	E	N	U
G	M	R	U	T	S	E	E	N	H	C	S	M	Q	E	E	A	O	Z
R	K	W	N	N	E	N	A	L	P	B	A	Z	F	T	T	W	L	J
H	D	Z	N	U	D	K	R	N	R	R	O	R	G	N	T	G	N	J
T	D	K	S	X	I	Y	F	Z	Z	I	Z	G	W	I	E	C	W	P
M	J	Q	U	W	L	P	F	I	Z	Q	U	Z	T	W	L	H	P	A
Z	P	P	P	O	O	X	P	H	E	F	X	A	L	C	M	Q	F	T
Y	M	G	W	P	H	A	F	I	H	X	S	U	Z	A	G	D	R	J
J	T	T	L	Q	N	B	X	F	X	R	E	O	R	H	A	P	Y	U
O	E	D	N	O	T	M	T	N	W	E	H	O	D	A	H	O	M	U

11

WAERMFLASCHE
WINTERMORGEN
SCHNEEBELADEN
KIRSCHKERNKISSEN
SOMMERURLAUB PLANEN

WUNSCHZETTEL
SCHNEESTURM
PUDELMUETZE
MARZIPAN
NIKOLAUS

Lösung

N W W M B F Y Y F E O L E F I U M T W
O C G L C M U A J J W P R J V X E W W
G C I K E S O M M E R U R L A U B H F
R N E D A L E B E E N H C S R Y P H S
N E S S I K N R E K H C S R I K A E R
O R D C N P A W L P M E P Y C C E Q N
S F C P E C W O N I K O L A U S H W Q
Y W L T G V V F N Y B R Y M B S C U S
J E Q P U D E L M U E T Z E N W S O A
L I Y W X D D D J R M A K P E U A Z J
E E J G D U J S K C J I V Z G N L S A
M L N V T Y H P U Q K O E D R S F I G
X V A D I C K P H B U C G Z O C M A R
Z G D O F A Z J Z Y U T M J M H R D H
Y R S P U V I D Z A J O T S R Z E N U
G M R U T S E E N H C S M Q E E A O Z
R K W N N E N A L P B A Z F T T W L J
H D Z N U D K R N R R O R G N T G N J
T D K S X I Y F Z Z I Z G W I E C W P
M J Q U W L P F I Z Q U Z T W L H P A
Z P P P O O X P H E F X A L C M Q F T
Y M G W P H A F I H X S U Z A G D R J
J T T L Q N B X F X R E O R H A P Y U
O E D N O T M T N W E H O D A H O M U

M	C	L	I	A	S	W	U	J	T	I	M	A	S	R	C	P	I	D
J	A	N	Z	G	E	L	V	O	B	A	P	Z	W	K	B	A	Y	I
Z	V	V	B	T	U	P	L	O	N	U	U	N	B	M	F	T	G	U
L	U	V	G	A	Z	V	O	V	E	F	H	E	A	Q	W	M	X	M
Q	G	W	R	D	I	Q	A	I	Q	N	O	K	W	K	Q	D	H	T
X	R	E	D	C	G	O	C	W	W	I	K	C	I	W	F	U	A	C
U	G	F	S	G	W	L	S	G	I	E	Q	O	N	E	S	T	M	E
B	J	I	D	M	K	N	G	S	O	N	D	L	T	I	S	N	E	I
W	D	I	C	K	E	H	I	N	Z	R	T	F	E	S	C	E	D	S
E	F	F	J	M	J	R	Y	F	F	V	P	E	R	S	O	Y	U	B
F	E	N	P	W	U	A	R	T	C	E	J	E	R	E	E	E	M	L
K	O	T	E	P	Z	W	O	A	K	G	N	N	E	D	Q	L	S	U
Z	S	M	S	B	T	L	I	A	T	M	N	H	I	R	U	E	K	M
P	I	U	Z	I	I	L	A	N	X	S	X	C	F	Y	X	F	O	E
C	C	I	D	Q	E	E	C	S	T	P	R	S	E	R	P	B	T	N
O	D	R	E	V	K	R	H	L	A	E	J	E	N	P	K	J	J	E
L	F	A	C	V	J	H	E	C	X	G	R	H	T	U	G	U	G	J
I	V	L	X	G	T	W	Q	V	S	G	X	N	M	N	A	O	E	V
B	U	O	G	I	S	K	Q	P	R	H	F	G	A	N	I	J	H	U
I	G	S	I	B	N	F	P	R	A	C	H	T	W	C	A	W	E	C
I	W	V	I	W	I	N	T	E	R	W	E	I	S	S	H	L	N	T
G	Y	N	E	E	Q	M	F	T	C	T	U	S	U	N	O	T	N	G
G	X	J	L	F	E	G	E	W	I	J	M	R	P	L	G	K	I	N
C	E	O	O	E	E	H	R	W	M	P	A	V	H	F	I	D	A	Y

12

WEISSE PRACHT
INS SOLARIUM GEHEN
DICKE SCHNEEFLOCKEN
EISBLUMEN AN SCHEIBEN
SALZ AUF VEREISTE WEGE

WINTERSTARRE
WINTERREIFEN
WINTERNACHT
WINTERWEISS
WINTERDUFT

Lösung

M C L I A S W U J T I M A S R C P I D
J A N Z G E L V O B A P Z W K B A Y I
Z V V B T U P L O N U U N B M F T G U
L U V G A Z V O V E F H E A Q W M X M
Q G W R D I Q A I Q N O K W K Q D H T
X R E D C G O C W W I K C I W F U A C
U G F S G W L S G I E Q O N E S T M E
B J I D M K N G S O N D L T I S N E I
W D I C K E H I N Z R T F E S C E D S
E F F J M J R Y F F V P E R S O Y U B
F E N P W U A R T C E J E R E E E M L
K O T E P Z W O A K G N N E D Q L S U
Z S M S B T L I A T M N H I R U E K M
P I U Z I I L A N X S X C F Y X F O E
C C I D Q E E C S T P R S E R P B T N
O D R E V K R H L A E J E N P K J J E
L F A C V J H E C X G R H T U G U G J
I V L X G T W Q V S G X N M N A O E V
B U O G I S K Q P R H F G A N I J H U
I G S I B N F P R A C H T W C A W E C
I W V I W I N T E R W E I S S H L N T
G Y N E E Q M F T C T U S U N O T N G
G X J L F E G E W I J M R P L G K I N
C E O O E E H R W M P A V H F I D A Y

M	G	I	A	Q	Z	A	W	K	F	Y	A	E	I	E	V	Q	U	H
E	W	E	U	H	W	M	C	Y	H	G	L	J	M	E	I	I	G	K
J	V	L	G	X	A	R	N	D	K	B	M	O	R	T	R	G	D	E
W	Z	E	T	N	A	O	E	P	I	E	W	S	R	A	F	L	Z	W
E	H	T	D	Y	T	O	G	W	L	K	C	X	H	W	N	U	A	R
I	N	S	K	I	L	X	A	J	O	H	U	W	A	Y	V	C	J	O
H	B	A	J	X	I	B	R	V	I	V	A	N	J	L	R	W	K	N
N	X	B	H	F	Q	V	T	C	E	G	K	L	U	T	E	D	D	C
A	Y	S	R	V	K	T	K	T	H	U	H	X	E	Z	H	T	R	G
C	E	T	J	W	H	E	E	D	L	A	F	H	N	V	C	E	X	J
H	Y	H	H	D	N	P	N	K	F	P	X	H	D	D	I	P	L	M
T	X	C	N	G	E	U	R	T	E	Y	Y	Y	T	W	S	G	S	W
S	A	A	F	N	L	H	E	O	H	D	T	Q	R	N	T	E	C	I
G	C	N	O	V	O	W	T	A	U	A	L	I	M	Q	S	G	H	Z
R	L	H	M	M	X	L	S	J	H	Y	W	G	F	P	O	E	N	N
U	A	I	F	A	W	P	T	R	C	C	N	N	Q	L	R	X	E	S
E	L	E	D	T	M	L	M	P	S	N	H	S	Q	M	F	F	E	V
S	S	W	E	S	X	C	I	F	R	I	E	R	E	N	U	X	W	X
S	L	C	T	N	Q	G	Z	E	E	P	T	X	Z	A	H	A	E	D
E	R	M	B	O	M	T	O	H	T	X	C	N	L	X	K	W	I	A
G	C	J	Z	N	Q	Q	I	X	N	T	R	S	F	S	I	E	S	E
H	G	U	F	N	Q	I	L	E	I	M	I	C	X	F	O	L	S	R
B	B	F	L	G	V	P	M	I	W	E	F	P	I	C	Z	X	D	X
A	T	P	J	O	V	S	O	P	Y	S	F	S	E	L	G	A	R	T

13

FROSTSICHER
SCHNEEWEISS
WEIHNACHTSBASTELEI
WINTERSCHUHE TRAGEN
WEIHNACHTSGRUESSE VERSCHICKEN

ZIMTSTERNE
EISLAUFEN
NEUJAHR
FRIEREN
IGLU

Lösung

M G I A Q Z A W K F Y A E I E V Q U H
E W E U H W M C Y H G L J M E I I G K
J V L G X A R N D K B M O R T R G D E
W Z E T N A O E P I E W S R A F L Z W
E H T D Y T O G W L K C X H W N U A R
I N S K I L X A J O H U W A Y V C J O
H B A J X I B R V I V A N J L R W K N
N X B H F Q V T C E G K L U T E D D C
A Y S R V K T K T H U H X E Z H T R G
C E T J W H E E D L A F H N V C E X J
H Y H H D N P N K F P X H D D I P L M
T X C N G E U R T E Y Y Y T W S G S W
S A A F N L H E O H D T Q R N T E C I
G C N O V O W T A U A L I M Q S G H Z
R L H M M X L S J H Y W G F P O E N N
U A I F A W P T R C C N N Q L R X E S
E L E D T M L M P S N H S Q M F F E V
S S W E S X C I F R I E R E N U X W X
S L C T N Q G Z E E P T X Z A H A E D
E R M B O M T O H T X C N L X K W I A
G C J Z N Q Q I X N T R S F S I E S E
H G U F N Q I L E I M I C X F O L S R
B B F L G V P M I W E F P I C Z X D X
A T P J O V S O P Y S F S E L G A R T

Q	B	U	S	P	A	Q	W	S	R	H	J	E	D	L	O	F	N	L
E	A	N	L	C	V	Y	U	B	G	P	G	Q	U	P	I	U	L	H
C	M	E	Q	W	V	T	L	Y	E	E	Z	G	S	T	M	A	A	S
R	I	K	L	C	L	T	H	F	R	G	T	X	K	N	K	Z	I	T
D	P	C	G	C	W	J	S	N	U	E	G	R	A	G	J	F	C	H
R	R	O	D	E	L	N	Y	C	K	F	A	T	L	B	C	L	V	C
D	A	L	L	A	O	C	I	R	O	T	E	H	Y	R	W	O	V	A
O	L	G	G	Q	H	D	A	L	Z	U	V	B	U	P	U	L	H	L
D	K	N	N	O	O	C	A	E	A	R	X	S	M	Z	G	E	M	H
N	N	Z	E	X	L	H	N	G	S	E	Q	S	S	K	F	I	J	C
U	E	M	T	E	C	Z	E	Y	A	G	U	D	R	W	S	T	O	S
P	N	I	T	S	F	M	H	Q	S	M	E	T	Q	Q	I	H	A	L
A	R	T	I	A	O	F	U	P	S	O	U	U	E	U	A	M	I	L
G	E	Q	L	K	B	C	H	M	Z	V	T	A	A	N	W	C	X	A
P	T	V	H	W	P	F	C	V	G	X	W	M	W	L	H	X	N	B
N	S	S	C	F	H	C	S	X	Q	L	D	I	E	T	V	Q	K	E
S	V	T	S	A	R	U	D	E	G	C	A	F	E	J	B	C	C	E
L	Y	I	B	H	P	L	N	O	I	U	D	R	K	B	A	H	M	N
L	Z	R	H	R	K	T	A	Z	T	L	K	J	C	U	F	F	D	H
W	X	F	B	E	C	N	H	O	M	E	D	V	J	T	B	W	V	C
E	Y	P	N	N	V	J	J	Y	T	U	S	V	T	N	J	W	Q	S
B	A	J	D	G	D	S	B	T	Y	E	I	S	Y	X	X	H	O	S
A	V	V	P	T	V	Z	E	V	L	D	O	Y	E	B	V	N	T	Z
R	W	C	X	A	U	N	U	T	S	O	R	F	M	K	E	H	J	B

14

GLOCKEN LAEUTEN
SCHLITTEN FAHREN
SCHNEEBALLSCHLACHT
EIS VOM AUTO KRATZEN
HANDSCHUHE UND SCHAL

LICHTERKETTEN
STERNENKLAR
RACLETTE
RODELN
FROST

Lösung

Q	B	U	S	P	A	Q	W	S	R	H	J	E	D	L	O	F	N	L
E	A	N	L	C	V	Y	U	B	G	P	G	Q	U	P	I	U	L	H
C	M	E	Q	W	V	T	L	Y	E	E	Z	G	S	T	M	A	A	S
R	I	K	L	C	L	T	H	F	R	G	T	X	K	N	K	Z	I	T
D	P	C	G	C	W	J	S	N	U	E	G	R	A	G	J	F	C	H
R	R	O	D	E	L	N	Y	C	K	F	A	T	L	B	C	L	V	C
D	A	L	L	A	O	C	I	R	O	T	E	H	Y	R	W	O	V	A
O	L	G	G	Q	H	D	A	L	Z	U	V	B	U	P	U	L	H	L
D	K	N	N	O	O	C	A	E	A	R	X	S	M	Z	G	E	M	H
N	N	Z	E	X	L	H	N	G	S	E	Q	S	S	K	F	I	J	C
U	E	M	T	E	C	Z	E	Y	A	G	U	D	R	W	S	T	O	S
P	N	I	T	S	F	M	H	Q	S	M	E	T	Q	Q	I	H	A	L
A	R	T	I	A	O	F	U	P	S	O	U	U	E	U	A	M	I	L
G	E	Q	L	K	B	C	H	M	Z	V	T	A	A	N	W	C	X	A
P	T	V	H	W	P	F	C	V	G	X	W	M	W	L	H	X	N	B
N	S	S	C	F	H	C	S	X	Q	L	D	I	E	T	V	Q	K	E
S	V	T	S	A	R	U	D	E	G	C	A	F	E	J	B	C	C	E
L	Y	I	B	H	P	L	N	O	I	U	D	R	K	B	A	H	M	N
L	Z	R	H	R	K	T	A	Z	T	L	K	J	C	U	F	F	D	H
W	X	F	B	E	C	N	H	O	M	E	D	V	J	T	B	W	V	C
E	Y	P	N	N	V	J	J	Y	T	U	S	V	T	N	J	W	Q	S
B	A	J	D	G	D	S	B	T	Y	E	I	S	Y	X	X	H	O	S
A	V	V	P	T	V	Z	E	V	L	D	O	Y	E	B	V	N	T	Z
R	W	C	X	A	U	N	U	T	S	O	R	F	M	K	E	H	J	B

T M F U L B U M M E L I P A Q A E Z O
K I E I S B A H N U U G P B G N S R O
R P F E D J V D V P P V A W A L F P W
A S C H N E E F L O C K E N R E V L V
M J S C H I E B E N E H R S T G I D T
S B A K A M I N F E U E R I E E E S D
T R S H X H Z I R W W S R E N N R K E
H K L K R T M V C S I W Y E D O T D U
C O N N O E U K L G O I W E N P E E Y
A E U B Z K S T P A U N E N T L A O Y
N Z O T C O O Z G J N T I H G I F Y L
H W B F C L B H E V R E H C Z U N G E
I E W F N A N N C I D R N S P W I H A
E N E R Z E F S O S T K A Q P R D T N
W T C N Z U S I O Z F A C N X T J M E
V R T X H V Y S N T M E H V J F O D H
P I F W W C H R I M T L T D F D H G C
C N F U L C S N B E J T S Y X B X F A
K K D K P T X W E Z H E M M R W O V M
Z E W H A Y R B O I Y T A M N Y S F B
T N F I N G W E R T E E N M Q A C O H
Z U P K V Z Q D F F T J N I L H S G Z
A K S F J Z M U E M R K U X K N E W D
A P D H H J Z U Z B H K W U L G M V O

15

SCHOKO WEIHNACHTSMANN
KAMINFEUER MACHEN
SCHNEEFLOCKEN AUF ZUNGE
VIERTE JAHRESZEIT
HEISSEN INGWERTEE TRINKEN
SCHNEE SCHIEBEN
WEIHNACHTSMARKT BUMMEL
WINTERKAELTE
EISBAHN IM GARTEN ANLEGEN
SCHNEEEIS

Lösung

T M F U L B U M M E L I P A Q A E Z O
K I E I S B A H N U U G P B G N S R O
R P F E D J V D V P P V A W A L F P W
A S C H N E E F L O C K E N R E V L V
M J S C H I E B E N E H R S T G I D T
S B A K A M I N F E U E R I E E E S D
T R S H X H Z I R W W S R E N N R K E
H K L K R T M V C S I W Y E D O T D U
C O N N O E U K L G O I W E N P E E Y
A E U B Z K S T P A U N E N T L A O Y
N Z O T C O O Z G J N T I H G I F Y L
H W B F C L B H E V R E H C Z U N G E
I E W F N A N N C I D R N S P W I H A
E N E R Z E F S O S T K A Q P R D T N
W T C N Z U S I O Z F A C N X T J M E
V R T X H V Y S N T M E H V J F O D H
P I F W W C H R I M T L T D F D H G C
C N F U L C S N B E J T S Y X B X F A
K K D K P T X W E Z H E M M R W O V M
Z E W H A Y R B O I Y T A M N Y S F B
T N F I N G W E R T E E N M Q A C O H
Z U P K V Z Q D F F T J N I L H S G Z
A K S F J Z M U E M R K U X K N E W D
A P D H H J Z U Z B H K W U L G M V O

M	O	U	C	F	T	I	Q	H	I	C	E	A	Q	S	Z	W	L	W
G	I	N	T	E	L	Y	I	B	V	T	A	F	O	C	I	M	A	I
F	H	L	M	K	P	V	S	S	Q	Q	R	Z	H	N	G	Q	V	N
G	N	U	Z	I	E	H	Y	M	K	W	Z	Q	T	X	A	O	D	T
P	C	B	A	S	F	U	T	I	U	A	T	E	I	I	R	A	G	E
S	X	F	O	R	D	I	O	U	X	A	R	H	C	E	A	Q	S	R
E	K	N	E	H	C	S	E	G	D	F	R	Y	B	Y	I	V	N	S
F	X	H	I	F	H	M	R	D	E	P	M	T	G	Y	V	K	G	C
D	O	F	E	N	Z	D	K	R	Q	U	Y	A	R	E	K	T	G	H
Z	K	E	Z	P	Q	C	I	F	G	C	K	I	C	E	Z	N	P	L
F	U	J	S	B	K	E	P	B	V	M	U	C	Y	W	T	R	I	A
C	L	H	H	E	N	H	B	R	E	N	N	H	O	L	Z	N	U	F
K	F	T	J	B	N	H	D	F	Z	T	S	I	Z	K	H	K	I	K
O	J	M	U	R	E	D	N	E	L	A	K	T	N	E	V	D	A	W
Z	K	O	J	V	O	C	U	D	A	A	W	X	F	D	C	L	I	J
I	V	Z	N	G	V	E	T	A	V	M	V	N	I	W	L	M	B	E
R	L	Q	W	X	I	K	P	U	G	U	D	E	L	O	U	U	S	G
F	P	F	X	X	C	T	A	V	I	W	K	A	W	N	W	E	T	A
Y	O	F	L	Y	E	Q	H	U	B	P	Q	M	E	X	H	M	F	T
C	R	J	V	U	H	E	B	B	F	U	Q	S	P	Y	G	G	G	L
Z	X	T	U	X	L	M	V	K	A	E	K	U	P	F	C	S	N	Q
U	X	G	N	U	W	T	H	S	H	N	N	Z	P	X	B	Z	L	O
K	V	U	C	W	T	A	N	C	V	J	R	Y	B	K	A	V	U	A
Q	U	V	K	M	S	C	H	N	E	E	S	C	H	I	E	B	E	R

16

WINTERFERIEN
WINTERSCHLAF
SCHNEESCHIEBER
ADVENTKALENDER
GESCHENKE KAUFEN

WINTERTRAUM
KURZE TAGE
BRENNHOLZ
HEIZUNG
OFEN

Lösung

M	O	U	C	F	T	I	Q	H	I	C	E	A	Q	S	Z	W	L	W
G	I	N	T	E	L	Y	I	B	V	T	A	F	O	C	I	M	A	I
F	H	L	M	K	P	V	S	S	Q	Q	R	Z	H	N	G	Q	V	N
G	N	U	Z	I	E	H	Y	M	K	W	Z	Q	T	X	A	O	D	T
P	C	B	A	S	F	U	T	I	U	A	T	E	I	I	R	A	G	E
S	X	F	O	R	D	I	O	U	X	A	R	H	C	E	A	Q	S	R
E	K	N	E	H	C	S	E	G	D	F	R	Y	B	Y	I	V	N	S
F	X	H	I	F	H	M	R	D	E	P	M	T	G	Y	V	K	G	C
D	O	F	E	N	Z	D	K	R	Q	U	Y	A	R	E	K	T	G	H
Z	K	E	Z	P	Q	C	I	F	G	C	K	I	C	E	Z	N	P	L
F	U	J	S	B	K	E	P	B	V	M	U	C	Y	W	T	R	I	A
C	L	H	H	E	N	H	B	R	E	N	N	H	O	L	Z	N	U	F
K	F	T	J	B	N	H	D	F	Z	T	S	I	Z	K	H	K	I	K
O	J	M	U	R	E	D	N	E	L	A	K	T	N	E	V	D	A	W
Z	K	O	J	V	O	C	U	D	A	A	W	X	F	D	C	L	I	J
I	V	Z	N	G	V	E	T	A	V	M	V	N	I	W	L	M	B	E
R	L	Q	W	X	I	K	P	U	G	U	D	E	L	O	U	U	S	G
F	P	F	X	X	C	T	A	V	I	W	K	A	W	N	W	E	T	A
Y	O	F	L	Y	E	Q	H	U	B	P	Q	M	E	X	H	M	F	T
C	R	J	V	U	H	E	B	B	F	U	Q	S	P	Y	G	G	G	L
Z	X	T	U	X	L	M	V	K	A	E	K	U	P	F	C	S	N	Q
U	X	G	N	U	W	T	H	S	H	N	N	Z	P	X	B	Z	L	O
K	V	U	C	W	T	A	N	C	V	J	R	Y	B	K	A	V	U	A
Q	U	V	K	M	S	C	H	N	E	E	S	C	H	I	E	B	E	R

E X I L N E F P A Z S I E D Z A P F G
S L T I C B M Z I G U A T M Q C V K Z
X D Z N E K N I R T I B N W P S P G W
H D E Y M T O L X M K E D E L M J D I
N E B I E R T E E N H C S I Q F J C G
I W D H E D T G S C Z J C H B X V M V
E A W N S B O N A W W D E N K I R V D
U H T X T P P M F D E V G A C M D M S
Y E J L E R K V Q I R F V C P G N Z N
E Q O K M G B I N E T H C H R X W M A
R J S N J F W M T B E I P T V A Q V G
P L D I D O U T S E E S W S W W S U S
J B B B M M E F N H G B G K R O P H T
Z T S B M W M N E Z U N O A S I U Z H
Q L Z E U Y N P M X I N G R P C B U C
B D L A C Y H I U F S L D T M H Z T A
S N T G E G H X E I E G F E Y I E J N
G V N U J E E E A W X F I N X M Q C H
V Z M O I S B D R W H M K U E W N K I
J P W S T V Y W F V C E R Q E S E T E
E G S T P T T Y U P I T U V N L E I W
K E T I U H E A A X Q E E L L E Q L O
N F O K I S U M S U A H U E G D X U N
C N I A G B U C H B Z H R H N R C L J

17

HAUSMUSIK MACHEN
WEIHNACHTSKARTEN
HEISSEN TEE TRINKEN
DEN KELLER AUFRAEUMEN
EINMUMMELN UND BUCH LESEN

WEIHNACHTSGANS
SCHNEETREIBEN
GLUEHWEIN
TAUWETTER
EISZAPFEN

Lösung

E X I L N E F P A Z S I E D Z A P F G
S L T I C B M Z I G U A T M Q C V K Z
X D Z N E K N I R T I B N W P S P G W
H D E Y M T O L X M K E D E L M J D I
N E B I E R T E E N H C S I Q F J C G
I W D H E D T G S C Z J C H B X V M V
E A W N S B O N A W W D E N K I R V D
U H T X T P P M F D E V G A C M D M S
Y E J L E R K V Q I R F V C P G N Z N
E Q O K M G B I N E T H C H R X W M A
R J S N J F W M T B E I P T V A Q V G
P L D I D O U T S E E S W S W W S U S
J B B B M M E F N H G B G K R O P H T
Z T S B M W M N E Z U N O A S I U Z H
Q L Z E U Y N P M X I N G R P C B U C
B D L A C Y H I U F S L D T M H Z T A
S N T G E G H X E I E G F E Y I E J N
G V N U J E E E A W X F I N X M Q C H
V Z M O I S B D R W H M K U E W N K I
J P W S T V Y W F V C E R Q E S E T E
E G S T P T T Y U P I T U V N L E I W
K E T I U H E A A X Q E E L L E Q L O
N F O K I S U M S U A H U E G D X U N
C N I A G B U C H B Z H R H N R C L J

S Z E M R N Q F H S W E E Z H E J T I
S O H K D E Z D Z H T R D D C M T E P
I R R S R I M R C T Q Z U N X G Z O N
E B H K T R L S Q U Z I F C D I I C E
H V Z L C E Q J G N A L Z G D H T F H
D L O G T F E U H Y Z T Q X W D L E C
P K M O C S C U B H H F O D U T M U K
F I V J Q T R I I P S A D J I C N E C
F B H F Y H K R P C B H N O D G E R E
K V X V R C T Z P E N C E E R W B Z O
T H X W L A D N U I L S T U D G Y A L
Y A W B P N M T E E T D E D E A I N F
P N J D F H G W P M U N A G K A B G E
Y D C P O I H K B C K A R H L A R E E
O A N Y S E N M W O A L R F J M H N N
T R I E U W R B H M Q R O A A C W B H
R B L L K N B L M Y E E V N Q N X O C
H E G Y Z N E T F P Y T R S H K J W S
A I N Y J S I D N G J N E L Q W H L F
F T R V S Z Q R G U U I T S U N P E E
L E C E O Z M C T K L W N W B M H K A
H N N Y K T S C M X P J I I G N T Q J
O Z K G U V A P E U W B W I Y A P Y C
K B P G V X A O O O I R O Q C K M O J

18

WEIHNACHTSFERIEN
WINTERLANDSCHAFT
GLUEHWEIN TRINKEN
HEISS UND LANG BADEN
KOHLFAHRT GRUENKOHLESSEN

FEUERZANGENBOWLE
SCHNEEFLOECKCHEN
WINTERVORRAETE
HANDARBEITEN
HUEFTGOLD

Lösung

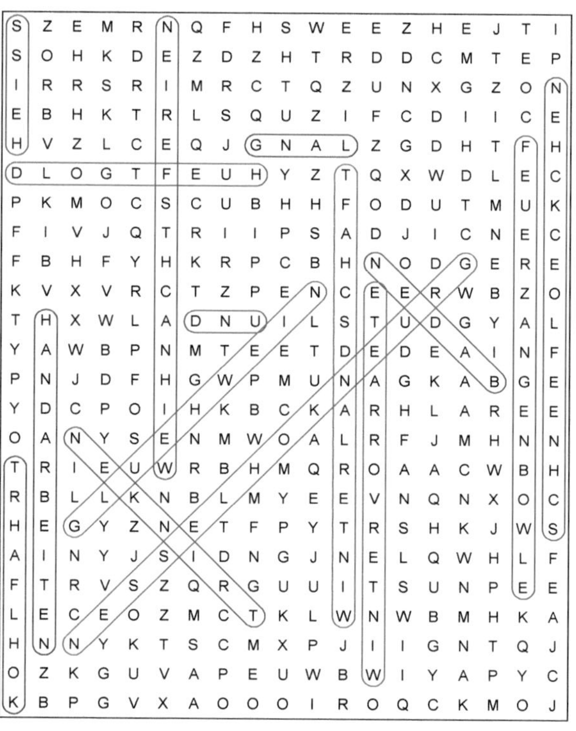

DAS

WEIHNACHTEN

WORTSUCHRÄTSEL BUCH

R	B	Q	N	G	O	L	B	W	A	W	U	F	W	G	C	H	W	B
N	X	D	T	K	P	T	M	V	W	I	N	F	A	Q	E	N	W	F
H	C	L	S	A	R	Y	A	Z	Z	G	B	M	X	I	R	Q	Y	Z
G	C	J	C	L	Q	L	G	B	H	G	J	F	L	T	E	G	T	C
S	X	Z	O	Z	E	W	L	Z	U	Y	G	A	P	T	G	N	W	J
E	S	D	X	R	E	A	Z	M	V	R	N	C	O	H	G	E	Q	Q
Q	C	M	W	O	P	Q	M	A	E	D	S	J	M	F	G	S	N	F
W	D	C	W	P	C	C	S	U	N	X	S	F	M	W	J	S	D	L
N	K	J	L	T	A	N	N	E	N	Z	W	E	I	G	T	E	U	U
A	N	I	S	H	I	F	L	E	E	D	J	P	Y	A	L	S	U	W
N	E	G	R	E	B	R	E	H	E	B	A	U	U	V	Y	T	R	C
N	N	A	M	S	T	H	C	A	N	H	I	E	W	I	W	H	D	P
R	U	C	W	B	S	X	D	S	E	E	N	K	N	T	U	C	O	A
L	W	H	F	C	F	U	Z	Y	I	G	N	D	V	Q	J	A	S	Z
F	K	Q	E	P	W	B	U	B	Q	Z	O	Y	P	W	N	N	M	J
T	O	E	Y	W	E	I	H	R	A	U	C	H	X	Y	U	H	V	W
Q	P	T	A	X	O	J	J	N	W	O	U	Q	P	D	X	I	V	M
D	Y	D	O	R	A	E	I	X	V	T	Z	R	R	B	Q	E	D	N
M	A	N	B	R	S	I	B	P	W	Z	E	Q	B	M	N	W	W	H
P	W	I	B	U	S	H	A	M	R	A	I	I	E	I	W	I	Y	P
X	R	G	S	R	U	S	G	N	G	E	B	U	R	T	S	M	Y	B
A	Z	Y	H	K	O	K	J	C	M	C	C	B	H	E	I	L	I	G
N	Q	L	Z	E	Q	H	C	M	N	X	R	R	T	H	X	I	S	E
U	G	Z	H	I	R	G	N	I	Q	O	D	T	X	B	V	M	K	L

WEIHNACHTSMANN
WEIHRAUCH
TANNENZWEIG
BEHERBERGEN
GEBURT JESUS

WEIHNACHTSESSEN
HEILIG
ANIS
HEILAND
URBI ET ORBI

Lösung

R	B	Q	N	G	O	L	B	W	A	W	U	F	W	G	C	H	W	B
N	X	D	T	K	P	T	M	V	W	I	N	F	A	Q	E	N	W	F
H	C	L	S	A	R	Y	A	Z	Z	G	B	M	X	I	R	Q	Y	Z
G	C	J	C	L	Q	L	G	B	H	G	J	F	L	T	E	G	T	C
S	X	Z	O	Z	E	W	L	Z	U	Y	G	A	P	T	G	N	W	J
E	S	D	X	R	E	A	Z	M	V	R	N	C	O	H	G	E	Q	Q
Q	C	M	W	O	P	Q	M	A	E	D	S	J	M	F	G	S	N	F
W	D	C	W	P	C	C	S	U	N	X	S	F	M	W	J	S	D	L
N	K	J	L	T	A	N	N	E	N	Z	W	E	I	G	T	E	U	U
A	N	I	S	H	I	F	L	E	E	D	J	P	Y	A	L	S	U	W
N	E	G	R	E	B	R	E	H	E	B	A	U	U	V	Y	T	R	C
N	N	A	M	S	T	H	C	A	N	H	I	E	W	I	W	H	D	P
R	U	C	W	B	S	X	D	S	E	E	N	K	N	T	U	C	O	A
L	W	H	F	C	F	U	Z	Y	I	G	N	D	V	Q	J	A	S	Z
F	K	Q	E	P	W	B	U	B	Q	Z	O	Y	P	W	N	N	M	J
T	O	E	Y	W	E	I	H	R	A	U	C	H	X	Y	U	H	V	W
Q	P	T	A	X	O	J	J	N	W	O	U	Q	P	D	X	I	V	M
D	Y	D	O	R	A	E	I	X	V	T	Z	R	R	B	Q	E	D	N
M	A	N	B	R	S	I	B	P	W	Z	E	Q	B	M	N	W	W	H
P	W	I	B	U	S	H	A	M	R	A	I	I	E	I	W	I	Y	P
X	R	G	S	R	U	S	G	N	G	E	B	U	R	T	S	M	Y	B
A	Z	Y	H	K	O	K	J	C	M	C	C	B	H	E	I	L	I	G
N	Q	L	Z	E	Q	H	C	M	N	X	R	R	T	H	X	I	S	E
U	G	Z	H	I	R	G	N	I	Q	O	D	T	X	B	V	M	K	L

```
D U R Q B C Q U L K A J R C K G R U U
H C I L D N U E R F T S A G B X C F S
H S C X U L X O Y R V N Q F Z P H O T
D O S R N E H B Q R W X D N Q E B R G
I R F U M A W S T V C F C A C A U E L
Y X G O N N A V R M K L F S W H P I V
W Q T J D R K H V G H D U R D O I P G
V Z T R P J E F W D K A L O O F K A E
K U N X M H V F C K L C M V L J W P S
Y N J N S Y P E F O U I M N H O N S C
L E B F I O B C K E N V Z M O V F T H
A H R G P Z L I S O F Y E A N I I H E
T C E N H W N X S Z S P B Y M Y I C N
G K V A Y K Y T U Y P A G H M K H A K
X C O Z Q C E Q F I S A U Q M C M N M
Z E G F W I F P R T K D U C I O X H E
Y O U Y N M K K E T Q P L L I T M I F
W L M E U A P L Q Q V G T E U Y E E W
X G K Y Z H E H A A G S N V Q L S W P
B H Z K T I I Y L N E W S T Z D W P S
Y F X D P M A K H F K X Q K O D C I K
B J W G R I Y N I W T S V C X T V E O
P H T D Y T T T Q J Y O I A X H P Z K
C L E I R J H Y W F B W C O Y Y W H P
```

2

BASTELEI	WEIHNACHTSPAPIER
FESTLICH	GESCHENK
GASTFREUNDLICH	DOMINOSTEINE
GLOECKCHEN	KRIPPE
NIKOLAUS	PFEFFERNUSS

Lösung

D	U	R	Q	B	C	Q	U	L	K	A	J	R	C	K	G	R	U	U
H	C	I	L	D	N	U	E	R	F	T	S	A	G	B	X	C	F	S
H	S	C	X	U	L	X	O	Y	R	V	N	Q	F	Z	P	H	O	T
D	O	S	R	N	E	H	B	Q	R	W	X	D	N	Q	E	B	R	G
I	R	F	U	M	A	W	S	T	V	C	F	C	A	C	A	U	E	L
Y	X	G	O	N	N	A	V	R	M	K	L	F	S	W	H	P	I	V
W	Q	T	J	D	R	K	H	V	G	H	D	U	R	D	O	I	P	G
V	Z	T	R	P	J	E	F	W	D	K	A	L	O	O	F	K	A	E
K	U	N	X	M	H	V	F	C	K	L	C	M	V	L	J	W	P	S
Y	N	J	N	S	Y	P	E	F	O	U	I	M	N	H	O	N	S	C
L	E	B	F	I	O	B	C	K	E	N	V	Z	M	O	V	F	T	H
A	H	R	G	P	Z	L	I	S	O	F	Y	E	A	N	I	I	H	E
T	C	E	N	H	W	N	X	S	Z	S	P	B	Y	M	Y	I	C	N
G	K	V	A	Y	K	Y	T	U	Y	P	A	G	H	M	K	H	A	K
X	C	O	Z	Q	C	E	Q	F	I	S	A	U	Q	M	C	M	N	M
Z	E	G	F	W	I	F	P	R	T	K	D	U	C	I	O	X	H	E
Y	O	U	Y	N	M	K	K	E	T	Q	P	L	L	I	T	M	I	F
W	L	M	E	U	A	P	L	Q	Q	V	G	T	E	U	Y	E	E	W
X	G	K	Y	Z	H	E	H	A	A	G	S	N	V	Q	L	S	W	P
B	H	Z	K	T	I	I	Y	L	N	E	W	S	T	Z	D	W	P	S
Y	F	X	D	P	M	A	K	H	F	K	X	Q	K	O	D	C	I	K
B	J	W	G	R	I	Y	N	I	W	T	S	V	C	X	T	V	E	O
P	H	T	D	Y	T	T	T	Q	J	Y	O	I	A	X	H	P	Z	K
C	L	E	I	R	J	H	Y	W	F	B	W	C	O	Y	Y	W	H	P

O	F	M	E	I	N	P	A	C	K	E	N	T	Q	T	K	B	O	S
S	U	L	J	I	I	O	D	J	Y	W	I	N	T	E	R	C	R	Y
N	S	F	L	A	K	T	T	Y	Z	A	E	H	F	T	X	F	K	K
M	F	P	L	H	D	O	O	O	B	C	G	E	R	G	K	A	W	Z
E	U	Q	E	V	M	X	U	B	T	T	L	S	I	X	I	M	J	Z
U	N	B	S	N	J	G	I	H	Y	H	E	M	J	C	N	P	T	P
K	I	L	L	C	D	U	I	H	N	Q	X	D	G	E	D	L	J	S
M	D	L	D	X	H	E	X	G	J	V	R	E	Z	Z	L	I	F	X
I	F	I	B	I	V	H	F	I	X	Q	S	I	S	K	E	G	U	R
H	H	F	J	P	X	T	M	N	N	C	K	L	H	Z	I	K	P	V
H	C	T	F	C	U	T	G	M	H	Z	E	V	N	P	N	K	M	R
L	Q	Q	R	M	E	X	U	E	Z	V	W	B	A	Y	C	M	S	A
P	Z	G	C	Q	Q	O	N	Z	Y	H	E	I	M	L	I	C	H	Y
W	O	K	O	N	X	K	Z	N	N	E	H	O	A	B	F	M	F	C
Q	S	W	H	A	E	S	W	L	E	H	Y	S	O	H	X	A	X	B
G	D	U	U	S	J	X	Z	G	W	R	B	M	F	M	W	A	A	N
S	L	K	A	M	X	T	P	X	E	R	S	H	Q	P	D	I	X	Z
E	R	C	Y	X	F	Y	C	B	K	Y	H	K	K	V	D	E	C	I
I	K	L	U	Q	P	J	R	E	V	M	Y	Q	E	K	I	S	X	F
A	Y	W	M	J	S	B	Z	F	G	F	X	N	H	D	F	E	C	R
P	Z	F	M	B	F	H	F	P	M	J	T	K	S	M	A	L	V	S
P	D	R	X	M	P	V	E	K	T	C	J	F	X	E	L	C	R	C
K	J	C	L	J	G	Z	A	Q	S	B	I	O	H	T	I	H	I	K
L	A	Y	X	V	V	E	X	D	L	L	G	S	T	A	L	L	C	W

ESEL
STALL
SPENDE
HEIMLICH
WINTER

GESCHENKESACK
ADVENT
KINDLEIN
EINPACKEN
MYRRHE

Lösung

O	F	M	E	I	N	P	A	C	K	E	N	T	Q	T	K	B	O	S
S	U	L	J	I	I	O	D	J	Y	W	I	N	T	E	R	C	R	Y
N	S	F	L	A	K	T	T	Y	Z	A	E	H	F	T	X	F	K	K
M	F	P	L	H	D	O	O	O	B	C	G	E	R	G	K	A	W	Z
E	U	Q	E	V	M	X	U	B	T	T	L	S	I	X	I	M	J	Z
U	N	B	S	N	J	G	I	H	Y	H	E	M	J	C	N	P	T	P
K	I	L	L	C	D	U	I	H	N	Q	X	D	G	E	D	L	J	S
M	D	L	D	X	H	E	X	G	J	V	R	E	Z	Z	L	I	F	X
I	F	I	B	I	V	H	F	I	X	Q	S	I	S	K	E	G	U	R
H	H	F	J	P	X	T	M	N	N	C	K	L	H	Z	I	K	P	V
H	C	T	F	C	U	T	G	M	H	Z	E	V	N	P	N	K	M	R
L	Q	Q	R	M	E	X	U	E	Z	V	W	B	A	Y	C	M	S	A
P	Z	G	C	Q	Q	O	N	Z	Y	H	E	I	M	L	I	C	H	Y
W	O	K	O	N	X	K	Z	N	N	E	H	O	A	B	F	M	F	C
Q	S	W	H	A	E	S	W	L	E	H	Y	S	O	H	X	A	X	B
G	D	U	U	S	J	X	Z	G	W	R	B	M	F	M	W	A	A	N
S	L	K	A	M	X	T	P	X	E	R	S	H	Q	P	D	I	X	Z
E	R	C	Y	X	F	Y	C	B	K	Y	H	K	K	V	D	E	C	I
I	K	L	U	Q	P	J	R	E	V	M	Y	Q	E	K	I	S	X	F
A	Y	W	M	J	S	B	Z	F	G	F	X	N	H	D	F	E	C	R
P	Z	F	M	B	F	H	F	P	M	J	T	K	S	M	A	L	V	S
P	D	R	X	M	P	V	E	K	T	C	J	F	X	E	L	C	R	C
K	J	C	L	J	G	Z	A	Q	S	B	I	O	H	T	I	H	I	K
L	A	Y	X	V	V	E	X	D	L	L	G	S	T	A	L	L	C	W

V	B	C	F	R	F	N	E	T	E	B	N	A	O	Q	O	Q	Y	R
W	F	Z	V	Y	R	T	T	E	Y	D	R	N	S	F	J	M	I	Q
T	L	J	Y	N	O	H	U	V	Q	G	R	E	F	E	X	A	J	T
W	R	M	P	I	H	B	M	L	E	O	I	E	H	P	J	R	B	A
L	Z	O	J	I	X	O	E	W	C	N	N	B	N	U	Z	Z	E	G
C	D	G	M	B	W	T	G	I	R	E	F	E	Q	K	X	I	X	D
H	U	J	K	N	D	S	L	Z	T	E	R	F	Z	E	A	P	O	P
R	E	P	Z	R	Y	L	H	L	P	E	O	J	M	O	F	A	Y	N
W	C	R	X	H	F	G	O	Y	U	W	U	S	J	X	H	N	N	N
Q	T	F	A	K	F	L	W	T	W	K	I	B	J	P	T	C	W	F
G	K	U	V	J	Y	N	E	W	C	O	C	P	K	T	F	Y	E	Q
V	F	H	X	E	T	G	M	L	K	S	K	Y	F	X	H	S	I	T
G	N	J	F	K	X	J	I	F	G	D	D	W	N	B	W	T	H	L
Q	O	T	G	L	X	N	T	S	D	S	J	N	O	N	Y	I	N	A
U	P	P	T	E	J	X	L	E	S	A	Y	O	U	P	Y	E	A	G
W	E	I	H	N	A	C	H	T	S	W	U	N	D	E	R	Q	C	N
Q	O	T	M	I	S	T	E	L	N	P	G	Q	P	G	M	B	H	D
N	U	F	G	U	E	E	E	L	Q	B	O	M	A	O	U	F	T	K
C	N	W	X	L	M	L	L	E	P	Z	M	D	Q	Z	X	N	S	D
M	B	P	E	G	I	S	E	G	K	Q	F	V	V	E	N	F	G	X
M	R	U	W	W	Y	Y	N	N	W	L	T	M	C	N	N	E	A	N
O	K	M	R	N	A	U	B	E	I	X	T	F	Z	B	H	I	N	T
W	B	F	B	M	U	X	R	Z	L	I	W	V	B	W	Z	E	S	H
P	Y	X	U	T	A	U	E	Y	F	M	J	Q	R	F	B	R	I	L

OFFENE TUEREN
WEIHNACHTSWUNDER
ANBETEN
MISTELN
ENGEL

WEIHNACHTSGANS
MARZIPAN
FROH SEIN
WOHLGEMUT
FEIER

Lösung

V	B	C	F	R	F	N	E	T	E	B	N	A	O	Q	O	Q	Y	R
W	F	Z	V	Y	R	T	T	E	Y	D	R	N	S	F	J	M	I	Q
T	L	J	Y	N	O	H	U	V	Q	G	R	E	F	E	X	A	J	T
W	R	M	P	I	H	B	M	L	E	O	I	E	H	P	J	R	B	A
L	Z	O	J	I	X	O	E	W	C	N	N	B	N	U	Z	Z	E	G
C	D	G	M	B	W	T	G	I	R	E	F	E	Q	K	X	I	X	D
H	U	J	K	N	D	S	L	Z	T	E	R	F	Z	E	A	P	O	P
R	E	P	Z	R	Y	L	H	L	P	E	O	J	M	O	F	A	Y	N
W	C	R	X	H	F	G	O	Y	U	W	U	S	J	X	H	N	N	N
Q	T	F	A	K	F	L	W	T	W	K	I	B	J	P	T	C	W	F
G	K	U	V	J	Y	N	E	W	C	O	C	P	K	T	F	Y	E	Q
V	F	H	X	E	T	G	M	L	K	S	K	Y	F	X	H	S	I	T
G	N	J	F	K	X	J	I	F	G	D	D	W	N	B	W	T	H	L
Q	O	T	G	L	X	N	T	S	D	S	J	N	O	N	Y	I	N	A
U	P	P	T	E	J	X	L	E	S	A	Y	O	U	P	Y	E	A	G
W	E	I	H	N	A	C	H	T	S	W	U	N	D	E	R	Q	C	N
Q	O	T	M	I	S	T	E	L	N	P	G	Q	P	G	M	B	H	D
N	U	F	G	U	E	E	E	L	Q	B	O	M	A	O	U	F	T	K
C	N	W	X	L	M	L	L	E	P	Z	M	D	Q	Z	X	N	S	D
M	B	P	E	G	I	S	E	G	K	Q	F	V	V	E	N	F	G	X
M	R	U	W	W	Y	Y	N	N	W	L	T	M	C	N	N	E	A	N
O	K	M	R	N	A	U	B	E	I	X	T	F	Z	B	H	I	N	T
W	B	F	B	M	U	X	R	Z	L	I	W	V	B	W	Z	E	S	H
P	Y	X	U	T	A	U	E	Y	F	M	J	Q	R	F	B	R	I	L

V	N	A	X	R	P	A	U	Y	E	A	B	R	M	P	P	X	U	V
E	N	C	K	H	R	F	F	L	X	K	I	H	T	E	F	Z	V	B
W	X	F	V	O	F	Z	I	M	T	S	T	E	R	N	E	O	E	Y
K	Q	M	B	G	N	M	C	K	A	A	U	W	F	B	I	Z	L	O
H	N	K	M	O	Y	Q	H	A	M	W	S	E	N	C	N	Z	S	S
C	U	L	I	C	L	N	R	U	U	I	D	I	E	F	I	O	B	Y
R	T	N	V	X	R	X	I	W	Y	F	K	H	F	A	I	Y	M	D
Y	H	W	N	U	U	O	S	B	Q	G	I	N	U	S	I	K	I	A
S	V	T	X	S	Y	X	T	B	N	V	R	A	A	T	Z	M	B	J
L	X	H	P	V	T	Y	K	D	V	D	C	C	K	E	U	Y	G	S
P	E	K	F	G	W	S	I	V	O	A	H	H	N	R	E	S	Q	T
V	K	Z	R	A	P	C	N	B	R	T	E	T	I	N	N	B	S	N
Z	O	H	U	L	H	F	D	N	F	T	N	S	E	A	Y	R	I	D
M	R	W	V	S	Y	I	L	U	R	E	L	K	U	N	N	Z	H	O
V	S	M	P	C	Y	K	M	T	E	L	A	A	W	I	E	P	R	J
Q	N	P	A	F	I	I	A	O	U	N	E	R	T	S	K	D	Y	B
D	E	W	P	Q	F	W	R	T	D	J	U	T	Z	K	C	H	P	O
I	O	N	U	Q	E	K	K	F	E	I	T	E	B	A	O	Z	Z	G
K	Y	O	A	P	N	Q	T	G	E	T	E	N	X	O	L	U	Y	T
P	K	V	R	K	L	G	V	W	T	I	N	M	Z	D	H	A	N	N
K	Q	N	R	K	X	D	V	T	A	F	T	M	W	P	O	Q	Q	Y
I	W	A	P	F	O	K	S	O	Z	N	S	J	B	T	R	A	O	V
P	T	I	E	Z	S	T	H	C	A	N	H	I	E	W	F	H	K	I
F	H	U	X	E	B	Z	X	K	S	Q	S	Q	D	C	L	P	L	S

WEIHNACHTSKARTE
EINKAUFEN
STERNANIS
VORFREUDE
DATTELN

FROHLOCKEN
KIRCHENLAEUTEN
WEIHNACHTSZEIT
CHRISTKINDLMARKT
ZIMTSTERNE

Lösung

V N A X R P A U Y E A B R M P P X U V
E N C K H R F F L X K I H T E F Z V B
W X F V O F Z I M T S T E R N E O E Y
K Q M B G N M C K A A U W F B I Z L O
H N K M O Y Q H A M W S E N C N Z S S
C U L I C L N R U U I D I E F I O B Y
R T N V X R X I W Y F K H F A I Y M D
Y H W N U U O S B Q G I N U S I K I A
S V T X S Y X T B N V R A A T Z M B J
L X H P V T Y K D V D C C K E U Y G S
P E K F G W S I V O A H H N R E S Q T
V K Z R A P C N B R T E T I N N B S N
Z O H U L H F D N F T N S E A Y R I D
M R W V S Y I L U R E L K U N N Z H O
V S M P C Y K M T E L A A W I E P R J
Q N P A F I I A O U N E R T S K D Y B
D E W P Q F W R T D J U T Z K C H P O
I O N U Q E K K F E I T E B A O Z Z G
K Y O A P N Q T G E T E N X O L U Y T
P K V R K L G V W T I N M Z D H A N N
K Q N R K X D V T A F T M W P O Q Q Y
I W A P F O K S O Z N S J B T R A O V
P T I E Z S T H C A N H I E W F H K I
F H U X E B Z X K S Q S Q D C L P L S

V	X	V	D	Y	W	J	G	Q	H	K	C	L	H	X	N	M	O	X
R	F	B	I	L	Z	U	D	U	O	J	A	R	M	O	N	P	U	U
X	O	G	K	G	B	A	B	P	X	W	D	V	U	W	O	V	T	W
X	D	S	Y	P	J	K	O	B	I	L	M	N	Y	X	D	Z	Q	R
W	Y	X	R	S	A	I	S	S	E	M	B	E	E	W	Y	A	B	O
X	Z	S	I	H	R	N	J	R	R	T	G	F	S	B	I	Z	O	S
Z	Z	I	A	F	S	C	H	N	E	I	E	N	E	M	O	B	O	I
X	W	Z	I	N	Y	U	H	N	J	J	E	Y	X	Z	B	L	Q	N
D	R	O	K	G	E	K	E	R	Z	E	N	S	C	H	E	I	N	E
C	X	S	J	X	A	M	I	H	E	Z	V	J	I	I	I	E	P	N
M	B	G	T	P	T	A	M	L	I	O	K	W	U	D	H	A	K	L
V	C	N	N	J	P	N	Z	E	Z	M	Q	A	F	I	R	P	Z	K
P	Z	S	P	M	L	D	D	F	L	D	M	T	L	A	Z	U	Y	J
Y	Z	P	A	O	Y	V	O	W	O	H	C	E	W	L	C	V	E	A
V	F	P	U	E	Z	S	Q	E	T	D	C	K	L	V	X	V	H	Q
R	A	U	U	C	E	G	V	X	Z	O	Q	S	Y	W	F	F	O	G
A	D	O	B	F	U	N	L	E	D	N	A	M	C	Z	N	V	Z	Z
A	G	D	E	H	A	D	X	V	X	N	P	S	X	K	A	W	V	H
L	J	I	O	R	R	Q	R	B	J	G	X	J	D	W	Y	C	J	N
N	C	Z	E	T	T	E	K	R	E	T	H	C	I	L	Z	K	L	A
Z	I	G	B	Y	A	S	V	D	P	A	D	G	O	O	W	R	K	L
E	M	Z	V	N	N	H	O	R	H	S	V	Q	P	Z	J	Y	C	J
O	K	W	U	L	U	K	E	J	Q	L	Z	N	E	W	H	J	A	G
W	F	R	O	E	H	L	I	C	H	K	E	I	T	X	J	Q	R	F

MANDELN
MESSIAS
SCHNEIEN
LICHTERKETTE
LOBEN

KERZENSCHEIN
SCHLEMMEN
HIMMEL
ROSINEN
FROEHLICHKEIT

Lösung

V	X	V	D	Y	W	J	G	Q	H	K	C	L	H	X	N	M	O	X
R	F	B	I	L	Z	U	D	U	O	J	A	R	M	O	N	P	U	U
X	O	G	K	G	B	A	B	P	X	W	D	V	U	W	O	V	T	W
X	D	S	Y	P	J	K	O	B	I	L	M	N	Y	X	D	Z	Q	R
W	Y	X	R	S	A	I	S	S	E	M	B	E	E	W	Y	A	B	O
X	Z	S	I	H	R	N	J	R	R	T	G	F	S	B	I	Z	O	S
Z	Z	I	A	F	S	C	H	N	E	I	E	N	E	M	O	B	O	I
X	W	Z	I	N	Y	U	H	N	J	J	E	Y	X	Z	B	L	Q	N
D	R	O	K	G	E	K	E	R	Z	E	N	S	C	H	E	I	N	E
C	X	S	J	X	A	M	I	H	E	Z	V	J	I	I	I	E	P	N
M	B	G	T	P	T	A	M	L	I	O	K	W	U	D	H	A	K	L
V	C	N	N	J	P	N	Z	E	Z	M	Q	A	F	I	R	P	Z	K
P	Z	S	P	M	L	D	D	F	L	D	M	T	L	A	Z	U	Y	J
Y	Z	P	A	O	Y	V	O	W	O	H	C	E	W	L	C	V	E	A
V	F	P	U	E	Z	S	Q	E	T	D	C	K	L	V	X	V	H	Q
R	A	U	U	C	E	G	V	X	Z	O	Q	S	Y	W	F	F	O	G
A	D	O	B	F	U	N	L	E	D	N	A	M	C	Z	N	V	Z	Z
A	G	D	E	H	A	D	X	V	X	N	P	S	X	K	A	W	V	H
L	J	I	O	R	R	Q	R	B	J	G	X	J	D	W	Y	C	J	N
N	C	Z	E	T	T	E	K	R	E	T	H	C	I	L	Z	K	L	A
Z	I	G	B	Y	A	S	V	D	P	A	D	G	O	O	W	R	K	L
E	M	Z	V	N	N	H	O	R	H	S	V	Q	P	Z	J	Y	C	J
O	K	W	U	L	U	K	E	J	Q	L	Z	N	E	W	H	J	A	G
W	F	R	O	E	H	L	I	C	H	K	E	I	T	X	J	Q	R	F

I	T	Y	D	Q	F	U	E	P	H	T	D	A	J	C	N	G	M	D
P	G	O	N	N	K	W	N	T	V	B	C	P	T	V	M	D	A	Q
U	X	Q	B	P	F	B	F	S	U	Q	S	O	I	M	Y	E	Y	V
M	G	D	X	Q	Z	W	C	T	V	I	C	R	O	Y	E	E	R	Z
N	A	F	L	H	E	I	L	I	G	P	H	W	J	N	F	V	Y	S
K	T	N	Y	R	B	A	V	E	H	F	N	Z	S	F	C	G	B	E
W	R	G	D	T	L	K	M	U	J	Z	E	W	T	O	Z	N	J	M
L	E	B	K	U	C	H	E	N	Q	F	E	T	H	S	K	L	W	I
I	I	R	W	F	R	K	J	Q	L	L	F	Y	P	V	L	S	O	P
V	E	A	Y	O	V	F	Q	N	G	H	L	Q	W	S	Q	V	P	K
D	F	X	E	G	S	D	T	K	I	Q	O	A	P	I	I	Q	N	X
I	K	Z	I	M	A	U	H	T	W	E	C	F	J	P	E	E	E	T
V	E	W	M	S	O	T	Y	R	P	U	K	P	X	A	T	E	L	L
Y	W	Q	X	F	P	S	S	C	O	I	E	I	W	A	H	S	L	Q
Z	M	A	N	P	H	M	C	T	X	I	N	R	P	N	V	S	O	L
C	T	E	I	I	A	Z	F	D	H	S	G	J	R	T	H	E	T	X
E	Q	K	V	R	X	G	H	B	F	C	O	D	R	X	C	T	S	N
K	K	F	K	X	A	B	V	Q	C	L	A	O	W	N	U	T	T	E
A	A	O	K	I	A	M	W	P	C	K	S	N	X	M	A	O	S	D
C	H	R	I	S	T	L	I	C	H	O	U	M	H	B	R	G	I	N
O	K	K	Q	Q	P	B	J	K	C	L	M	T	D	I	B	Z	R	E
K	O	T	T	U	V	O	E	X	Q	W	Z	N	T	L	E	C	H	B
P	L	O	C	H	I	R	G	L	X	E	I	S	O	H	N	W	C	A
G	M	M	U	N	E	R	E	U	D	U	N	C	X	X	G	V	J	R

HEILIG ABEND
AVE MARIA
LEBKUCHEN
BRAUCH
CHRISTLICH

GOTTES SOHN
SCHNEEFLOCKE
FEIERTAG
WEIHNACHTSTAG
CHRISTSTOLLEN

Lösung

I	T	Y	D	Q	F	U	E	P	H	T	D	A	J	C	N	G	M	D
P	G	O	N	N	K	W	N	T	V	B	C	P	T	V	M	D	A	Q
U	X	Q	B	P	F	B	F	S	U	Q	S	O	I	M	Y	E	Y	V
M	G	D	X	Q	Z	W	C	T	V	I	C	R	O	Y	E	E	R	Z
N	A	F	L	H	E	I	L	I	G	P	H	W	J	N	F	V	Y	S
K	T	N	Y	R	B	A	V	E	H	F	N	Z	S	F	C	G	B	E
W	R	G	D	T	L	K	M	U	J	Z	E	W	T	O	Z	N	J	M
L	E	B	K	U	C	H	E	N	Q	F	E	T	H	S	K	L	W	I
I	I	R	W	F	R	K	J	Q	L	L	F	Y	P	V	L	S	O	P
V	E	A	Y	O	V	F	Q	N	G	H	L	Q	W	S	Q	V	P	K
D	F	X	E	G	S	D	T	K	I	Q	O	A	P	I	I	Q	N	X
I	K	Z	I	M	A	U	H	T	W	E	C	F	J	P	E	E	E	T
V	E	W	M	S	O	T	Y	R	P	U	K	P	X	A	T	E	L	L
Y	W	Q	X	F	P	S	S	C	O	I	E	I	W	A	H	S	L	Q
Z	M	A	N	P	H	M	C	T	X	I	N	R	P	N	V	S	O	L
C	T	E	I	I	A	Z	F	D	H	S	G	J	R	T	H	E	T	X
E	Q	K	V	R	X	G	H	B	F	C	O	D	R	X	C	T	S	N
K	K	F	K	X	A	B	V	Q	C	L	A	O	W	N	U	T	T	E
A	A	O	K	I	A	M	W	P	C	K	S	N	X	M	A	O	S	D
C	H	R	I	S	T	L	I	C	H	O	U	M	H	B	R	G	I	N
O	K	K	Q	Q	P	B	J	K	C	L	M	T	D	I	B	Z	R	E
K	O	T	T	U	V	O	E	X	Q	W	Z	N	T	L	E	C	H	B
P	L	O	C	H	I	R	G	L	X	E	I	S	O	H	N	W	C	A
G	M	M	U	N	E	R	E	U	D	U	N	C	X	X	G	V	J	R

U T P M L A G V Y U I X M Q P R H L K
M U A B S T H C A N H I E W A I O U S
T C E G N G G I P A P F E L S I N E F
T F Y I E J A C G B Y C F L I D S A Y
P G N N K V Z U G C H H T C E M Z J T
N T R E N J V G M N V R S I A R F J B
Z H R K E T G M B E X I B P O D X P C
F V M C H R W N F Q N D Z L T C Q X Y
J O V O C A E O M W C F F X B S C P A
V K I L S G I T N H F P R L C P U R R
S N F G N D H N R U X C D E B G N C A
N X T I X J N S S E O W Z P U C D C A
U B L Z S S A O X S I H U C T D H Y H
V K M E G R C Z Y P O V E R J P E H S
V O R W E I H N A C H T L I C H Y W L
F W Z D G Q T B Q C G S Z S Q U Q T E
V D I N U X S Q E B E F T B I V B B G
P Z J T I Q A K H A S N L M X E T J N
S C P R X Y B C Q W E W H G R A S T E
A C B Y M U E S B V E C A Z Z Y Y G F
E D M M M N N P D T B S J N X F K F H
F X D T S V D A O S F D E Z E M B E R
P L J N I E I V P U U G G U W E X G H
L X N T K Q V U Q W R Q X G Z L O P P

DEZEMBER
APFELSINE
GLOCKEN KLINGEN
SCHENKEN
GAUMENFREUDE
VORWEIHNACHTLICH
WEIHNACHTSBAUM
VIERTER ADVENT
WEIHNACHTSABEND
ENGELSHAAR

Lösung

U	T	P	M	L	A	G	V	Y	U	I	X	M	Q	P	R	H	L	K
M	U	A	B	S	T	H	C	A	N	H	I	E	W	A	I	O	U	S
T	C	E	G	N	G	G	I	P	A	P	F	E	L	S	I	N	E	F
T	F	Y	I	E	J	A	C	G	B	Y	C	F	L	I	D	S	A	Y
P	G	N	N	K	V	Z	U	G	C	H	H	T	C	E	M	Z	J	T
N	T	R	E	N	J	V	G	M	N	V	R	S	I	A	R	F	J	B
Z	H	R	K	E	T	G	M	B	E	X	I	B	P	O	D	X	P	C
F	V	M	C	H	R	W	N	F	Q	N	D	Z	L	T	C	Q	X	Y
J	O	V	O	C	A	E	O	M	W	C	F	F	X	B	S	C	P	A
V	K	I	L	S	G	I	T	N	H	F	P	R	L	C	P	U	R	R
S	N	F	G	N	D	H	N	R	U	X	C	D	E	B	G	N	C	A
N	X	T	I	X	J	N	S	S	E	O	W	Z	P	U	C	D	C	A
U	B	L	Z	S	S	A	O	X	S	I	H	U	C	T	D	H	Y	H
V	K	M	E	G	R	C	Z	Y	P	O	V	E	R	J	P	E	H	S
V	O	R	W	E	I	H	N	A	C	H	T	L	I	C	H	Y	W	L
F	W	Z	D	G	Q	T	B	Q	C	G	S	Z	S	Q	U	Q	T	E
V	D	I	N	U	X	S	Q	E	B	E	F	T	B	I	V	B	B	G
P	Z	J	T	I	Q	A	K	H	A	S	N	L	M	X	E	T	J	N
S	C	P	R	X	Y	B	C	Q	W	E	W	H	G	R	A	S	T	E
A	C	B	Y	M	U	E	S	B	V	E	C	A	Z	Z	Y	Y	G	F
E	D	M	M	M	N	N	P	D	T	B	S	J	N	X	F	K	F	H
F	X	D	T	S	V	D	A	O	S	F	D	E	Z	E	M	B	E	R
P	L	J	N	I	E	I	V	P	U	U	G	G	U	W	E	X	G	H
L	X	N	T	K	Q	V	U	Q	W	R	Q	X	G	Z	L	O	P	P

F	X	I	W	R	L	B	B	K	X	B	P	N	G	L	B	G	Q	Z
Z	S	S	J	M	G	B	X	W	R	K	P	N	V	U	W	X	T	M
R	F	T	M	A	V	C	F	E	H	A	E	J	P	Q	F	S	D	O
A	R	P	B	O	O	T	G	K	L	H	H	I	C	G	D	L	X	W
P	R	D	V	G	M	A	B	K	C	O	W	N	Y	I	N	V	O	T
X	F	J	Y	W	J	N	J	Z	V	S	H	G	S	L	I	V	A	H
Y	Q	W	Y	M	Q	N	T	H	U	N	M	V	T	E	K	Z	N	F
Z	H	J	N	Z	V	E	E	L	Z	E	B	S	L	S	T	G	I	U
N	P	T	V	G	A	N	D	N	U	L	V	R	D	R	S	E	P	X
A	Q	Q	D	L	S	B	X	V	O	B	Q	L	I	H	I	P	W	N
R	M	B	P	Q	R	A	G	H	T	V	P	K	U	E	R	P	P	A
K	F	N	Q	S	R	U	T	T	O	E	D	D	R	U	H	I	O	H
S	I	S	N	I	N	M	J	G	U	H	P	T	K	R	C	R	O	U
T	E	G	A	T	R	E	I	E	F	K	M	X	E	A	L	K	O	W
N	F	V	Q	E	I	R	L	J	S	I	B	R	R	J	T	S	C	U
E	R	D	H	C	F	U	C	E	Z	M	M	T	Z	Z	H	T	H	J
V	U	A	Z	V	J	G	G	C	D	J	B	W	E	L	C	H	E	I
D	H	C	B	L	B	R	E	N	N	E	N	L	N	E	A	C	I	T
A	Z	O	E	N	I	K	A	C	N	Q	N	K	G	Q	N	A	M	X
P	Y	R	C	S	G	H	N	O	B	I	S	I	I	T	H	N	E	M
H	U	W	D	V	Q	X	Y	C	U	L	L	U	D	G	M	H	L	Q
M	B	L	P	W	R	R	A	H	D	I	E	R	R	S	F	I	I	W
E	D	S	W	S	O	B	K	E	E	D	D	L	T	M	T	E	G	X
U	E	K	F	R	S	Y	Y	H	K	L	V	S	K	L	K	W	A	T

TANNENBAUM
PLAETZCHEN
KERZEN BRENNEN
HEIMELIG
HEILIGE NACHT
RUEHRSELIG
CHRISTKIND
ADVENTSKRANZ
WEIHNACHTSKRIPPE
FEIERTAGE

Lösung

F X I W R L B B K X B P N G L B G Q Z
Z S S J M G B X W R K P N V U W X T M
R F T M A V C F E H A E J P Q F S D O
A R P B O O T G K L H H I C G D L X W
P R D V G M A B K C O W N Y I N V O T
X F J Y W J N J Z V S H G S L I V A H
Y Q W Y M Q N T H U N M V T E K Z N F
Z H J N Z V E E L Z E B S L S T G I U
N P T V G A N D N U L V R D R S E P X
A Q Q D L S B X V O B Q L I H I P W N
R M B P Q R A G H T V P K U E R P P A
K F N Q S R U T T O E D D R U H I O H
S I S N I N M J G U H P T K R C R O U
T E G A T R E I E F K M X E A L K O W
N F V Q E I R L J S I B R R J T S C U
E R D H C F U C E Z M M T Z Z H T H J
V U A Z V J G G C D J B W E L C H E I
D H C B L B R E N N E N L N E A C I T
A Z O E N I K A C N Q N K G Q N A M X
P Y R C S G H N O B I S I I T H N E M
H U W D V Q X Y C U L L U D G M H L Q
M B L P W R R A H D I E R R S F I I W
E D S W S O B K E E D D L T M T E G X
U E K F R S Y Y H K L V S K L K W A T

F	Z	L	D	T	M	E	X	C	N	B	F	V	V	C	V	A	Y	V
H	K	J	D	S	Q	T	Q	F	R	P	M	U	K	U	Y	G	K	Y
T	F	G	N	V	X	I	R	N	E	A	P	Q	Q	O	G	T	A	B
H	F	S	A	Y	X	V	N	M	T	W	U	Y	Y	Z	L	Z	Y	W
C	Y	T	N	L	D	K	I	L	S	W	C	R	T	J	N	X	L	G
E	Q	S	H	T	D	N	Q	D	S	W	P	P	S	M	A	L	A	A
R	U	N	D	C	K	G	V	W	T	A	I	B	K	G	B	Q	V	G
P	B	U	M	D	E	H	Z	L	H	N	A	U	J	Z	N	F	J	N
U	T	F	Y	E	V	N	S	K	C	I	K	R	R	N	V	C	L	J
R	R	Y	N	O	L	V	K	C	A	E	O	J	X	A	X	O	M	M
H	O	E	X	I	I	A	P	E	N	H	E	T	D	L	B	K	X	I
J	Z	B	E	A	F	O	Z	A	H	C	C	P	D	G	U	A	X	H
A	N	D	N	X	G	B	W	B	I	S	P	R	W	R	J	R	E	D
C	E	T	W	C	L	S	D	E	E	N	F	A	C	E	H	T	A	I
R	T	O	M	F	Z	M	Q	G	W	E	C	T	A	T	J	O	X	B
F	N	O	P	T	E	P	D	S	K	Z	I	W	I	H	U	F	S	O
V	I	B	G	I	X	O	Y	T	V	R	J	Y	W	C	Z	F	Z	A
N	R	M	R	S	Z	E	J	N	D	E	O	Q	K	I	F	E	T	N
A	P	A	A	J	K	R	Z	E	P	K	S	O	D	L	M	L	P	A
N	S	R	Q	R	Q	S	L	V	A	T	E	P	S	E	B	S	F	D
F	R	G	K	U	I	C	F	D	X	O	F	H	G	J	Q	A	D	R
J	L	B	L	U	E	A	V	A	A	U	O	A	L	E	S	L	U	E
N	W	D	Y	Z	R	J	H	I	H	E	I	L	I	G	E	A	G	I
O	J	Y	A	I	Z	P	R	L	P	A	P	A	I	G	L	T	B	Z

10

LIEDER
KARTOFFELSALAT
PRINTEN
WEIHNACHTSSTERN
KERZENSCHEIN
MARIA UND JOSEF
DREI HEILIGE
KNECHT RUPRECHT
ADVENTSGEBAECK
LICHTERGLANZ

Lösung

F	Z	L	D	T	M	E	X	C	N	B	F	V	V	C	V	A	Y	V
H	K	J	D	S	Q	T	Q	F	R	P	M	U	K	U	Y	G	K	Y
T	F	G	N	V	X	I	R	N	E	A	P	Q	Q	O	G	T	A	B
H	F	S	A	Y	X	V	N	M	T	W	U	Y	Y	Z	L	Z	Y	W
C	Y	T	N	L	D	K	I	L	S	W	C	R	T	J	N	X	L	G
E	Q	S	H	T	D	N	Q	D	S	W	P	P	S	M	A	L	A	A
R	U	N	D	C	K	G	V	W	T	A	I	B	K	G	B	Q	V	G
P	B	U	M	D	E	H	Z	L	H	N	A	U	J	Z	N	F	J	N
U	T	F	Y	E	V	N	S	K	C	I	K	R	R	N	V	C	L	J
R	R	Y	N	O	L	V	K	C	A	E	O	J	X	A	X	O	M	M
H	O	E	X	I	I	A	P	E	N	H	E	T	D	L	B	K	X	I
J	Z	B	E	A	F	O	Z	A	H	C	C	P	D	G	U	A	X	H
A	N	D	N	X	G	B	W	B	I	S	P	R	W	R	J	R	E	D
C	E	T	W	C	L	S	D	E	E	N	F	A	C	E	H	T	A	I
R	T	O	M	F	Z	M	Q	G	W	E	C	T	A	T	J	O	X	B
F	N	O	P	T	E	P	D	S	K	Z	I	W	I	H	U	F	S	O
V	I	B	G	I	X	O	Y	T	V	R	J	Y	W	C	Z	F	Z	A
N	R	M	R	S	Z	E	J	N	D	E	O	Q	K	I	F	E	T	N
A	P	A	A	J	K	R	Z	E	P	K	S	O	D	L	M	L	P	A
N	S	R	Q	R	Q	S	L	V	A	T	E	P	S	E	B	S	F	D
F	R	G	K	U	I	C	F	D	X	O	F	H	G	J	Q	A	D	R
J	L	B	L	U	E	A	V	A	A	U	O	A	L	E	S	L	U	E
N	W	D	Y	Z	R	J	H	I	H	E	I	L	I	G	E	A	G	I
O	J	Y	A	I	Z	P	R	L	P	A	P	A	I	G	L	T	B	Z

X	G	X	D	J	J	W	B	R	O	W	Y	V	X	A	C	O	Y	E
C	P	T	M	T	Q	Z	E	U	Y	C	L	Y	F	F	B	X	X	B
F	D	T	M	I	B	E	K	I	T	N	E	V	O	Y	Q	E	W	I
B	Q	X	O	F	R	X	B	O	H	S	Q	F	H	I	U	Q	X	N
E	U	K	S	Q	I	H	Z	I	U	P	X	N	D	Q	E	Z	N	E
G	N	U	R	E	H	C	S	E	B	E	L	W	E	D	A	O	P	T
N	R	E	T	S	N	E	G	R	O	M	D	O	A	Z	J	L	Z	T
Z	Y	R	M	A	O	R	D	M	F	P	F	J	D	X	S	B	G	I
T	N	Y	S	J	N	D	P	X	S	H	E	F	U	U	N	O	I	L
G	P	O	N	N	R	R	W	G	W	J	R	P	D	T	R	X	M	H
C	M	E	V	O	R	B	E	R	E	I	T	U	N	G	E	N	L	C
W	M	T	N	E	L	L	O	T	S	N	A	P	I	Z	R	A	M	S
V	L	T	S	U	U	J	E	D	Q	N	W	A	R	F	E	N	K	S
K	P	A	S	R	Q	N	N	N	Y	E	P	S	F	U	Q	Q	U	T
U	L	W	Y	I	Q	E	J	R	O	W	S	S	X	T	P	S	C	H
G	K	R	D	D	F	T	K	G	B	I	E	O	H	T	E	H	W	C
K	P	E	T	F	A	S	O	U	X	M	S	H	I	E	Z	D	K	A
S	R	K	K	F	N	M	V	L	I	P	I	C	J	R	T	Y	V	N
D	B	C	Y	R	V	E	L	Z	C	M	Q	H	S	H	K	O	F	H
F	B	U	R	X	P	U	N	S	C	H	Y	Q	H	A	P	S	O	I
X	B	Z	P	N	V	O	G	E	L	R	H	Y	C	U	J	D	M	E
F	E	K	N	E	H	C	S	E	G	J	W	M	N	S	Z	H	O	W
P	X	C	O	P	S	C	O	H	Q	I	M	K	S	O	L	U	O	O
O	J	E	V	S	X	Q	D	Y	R	A	I	F	K	X	F	M	Z	Y

11

SCHLITTEN
RUDOLPH
ZUCKERWATTE
MARZIPANSTOLLEN
PUNSCH

BESCHERUNG
GESCHENKE
MORGENSTERN
VORBEREITUNGEN
VOGEL FUTTERHAUS

Lösung

X	G	X	D	J	J	W	B	R	O	W	Y	V	X	A	C	O	Y	E
C	P	T	M	T	Q	Z	E	U	Y	C	L	Y	F	F	B	X	X	B
F	D	T	M	I	B	E	K	I	T	N	E	V	O	Y	Q	E	W	I
B	Q	X	O	F	R	X	B	O	H	S	Q	F	H	I	U	Q	X	N
E	U	K	S	Q	I	H	Z	I	U	P	X	N	D	Q	E	Z	N	E
G	N	U	R	E	H	C	S	E	B	E	L	W	E	D	A	O	P	T
N	R	E	T	S	N	E	G	R	O	M	D	O	A	Z	J	L	Z	T
Z	Y	R	M	A	O	R	D	M	F	P	F	J	D	X	S	B	G	I
T	N	Y	S	J	N	D	P	X	S	H	E	F	U	U	N	O	I	L
G	P	O	N	N	R	R	W	G	W	J	R	P	D	T	R	X	M	H
C	M	E	V	O	R	B	E	R	E	I	T	U	N	G	E	N	L	C
W	M	T	N	E	L	L	O	T	S	N	A	P	I	Z	R	A	M	S
V	L	T	S	U	U	J	E	D	Q	N	W	A	R	F	E	N	K	S
K	P	A	S	R	Q	N	N	N	Y	E	P	S	F	U	Q	Q	U	T
U	L	W	Y	I	Q	E	J	R	O	W	S	S	X	T	P	S	C	H
G	K	R	D	D	F	T	K	G	B	I	E	O	H	T	E	H	W	C
K	P	E	T	F	A	S	O	U	X	M	S	H	I	E	Z	D	K	A
S	R	K	K	F	N	M	V	L	I	P	I	C	J	R	T	Y	V	N
D	B	C	Y	R	V	E	L	Z	C	M	Q	H	S	H	K	O	F	H
F	B	U	R	X	P	U	N	S	C	H	Y	Q	H	A	P	S	O	I
X	B	Z	P	N	V	O	G	E	L	R	H	Y	C	U	J	D	M	E
F	E	K	N	E	H	C	S	E	G	J	W	M	N	S	Z	H	O	W
P	X	C	O	P	S	C	O	H	Q	I	M	K	S	O	L	U	O	O
O	J	E	V	S	X	Q	D	Y	R	A	I	F	K	X	F	M	Z	Y

S	W	J	H	Y	E	U	A	I	A	B	E	Z	Q	R	X	O	E	B
N	W	X	E	F	A	R	F	B	A	L	P	T	I	C	H	C	E	H
S	E	Q	Q	Z	E	E	T	Q	U	T	O	G	I	F	L	Q	I	R
Z	Q	N	V	W	P	O	C	C	N	K	D	I	C	R	X	Y	Y	P
H	U	K	G	G	H	I	R	Y	H	I	N	L	B	T	C	N	P	E
W	E	I	H	N	A	C	H	T	S	L	I	E	D	N	H	B	R	K
Q	H	O	S	T	D	N	L	S	P	Q	J	R	B	S	I	Z	X	P
E	N	U	S	N	B	Q	R	Y	M	T	X	Y	N	G	I	P	W	S
B	V	Q	K	C	D	J	D	W	H	Q	Q	U	V	S	Z	V	E	P
T	M	H	N	I	E	W	H	E	U	L	G	Q	J	Q	S	C	I	Y
K	B	G	H	K	Q	I	T	G	Z	G	R	B	N	Q	J	B	H	S
R	E	D	N	E	L	A	K	S	T	N	E	V	D	A	P	W	N	T
J	N	J	Z	Y	E	N	N	O	W	O	C	J	F	P	F	A	A	P
R	S	W	A	Q	A	L	H	N	F	E	I	I	N	G	R	S	C	D
N	E	T	A	R	B	S	T	H	C	A	N	H	I	E	W	C	H	T
F	Z	J	I	A	W	H	S	C	B	B	G	Z	I	W	B	H	T	E
D	E	R	O	T	N	Q	O	S	C	L	V	R	T	K	M	M	S	M
N	U	K	R	R	K	J	C	N	L	B	B	U	Q	U	M	U	M	V
G	C	T	M	U	Q	D	N	A	L	N	E	G	R	O	M	E	A	P
V	G	S	B	T	U	G	P	B	Q	I	X	D	O	S	K	C	R	J
G	D	Z	D	E	F	F	C	X	L	C	D	W	P	K	H	K	K	I
G	E	B	Y	Y	L	J	B	X	J	C	U	I	V	F	K	E	T	X
L	E	G	N	E	S	T	H	C	A	N	H	I	E	W	Z	N	U	F
S	E	T	X	B	Y	C	M	S	F	J	Q	T	Q	X	C	S	W	B

12

WEIHNACHTSENGEL
WEIHNACHTSMARKT
ADVENTSKALENDER
RUTE
GLUEHWEIN
SCHMUECKEN
WEIHNACHTSBRATEN
MORGENLAND
WONNE
WEIHNACHTSLIED

Lösung

S	W	J	H	Y	E	U	A	I	A	B	E	Z	Q	R	X	O	E	B
N	W	X	E	F	A	R	F	B	A	L	P	T	I	C	H	C	E	H
S	E	Q	Q	Z	E	E	T	Q	U	T	O	G	I	F	L	Q	I	R
Z	Q	N	V	W	P	O	C	C	N	K	D	I	C	R	X	Y	Y	P
H	U	K	G	G	H	I	R	Y	H	I	N	L	B	T	C	N	P	E
W	E	I	H	N	A	C	H	T	S	L	I	E	D	N	H	B	R	K
Q	H	O	S	T	D	N	L	S	P	Q	J	R	B	S	I	Z	X	P
E	N	U	S	N	B	Q	R	Y	M	T	X	Y	N	G	I	P	W	S
B	V	Q	K	C	D	J	D	W	H	Q	Q	U	V	S	Z	V	E	P
T	M	H	N	I	E	W	H	E	U	L	G	Q	J	Q	S	C	I	Y
K	B	G	H	K	Q	I	T	G	Z	G	R	B	N	Q	J	B	H	S
R	E	D	N	E	L	A	K	S	T	N	E	V	D	A	P	W	N	T
J	N	J	Z	Y	E	N	N	O	W	O	C	J	F	P	F	A	A	P
R	S	W	A	Q	A	L	H	N	F	E	I	I	N	G	R	S	C	D
N	E	T	A	R	B	S	T	H	C	A	N	H	I	E	W	C	H	T
F	Z	J	I	A	W	H	S	C	B	B	G	Z	I	W	B	H	T	E
D	E	R	O	T	N	Q	O	S	C	L	V	R	T	K	M	M	S	M
N	U	K	R	R	K	J	C	N	L	B	B	U	Q	U	M	U	M	V
G	C	T	M	U	Q	D	N	A	L	N	E	G	R	O	M	E	A	P
V	G	S	B	T	U	G	P	B	Q	I	X	D	O	S	K	C	R	J
G	D	Z	D	E	F	F	C	X	L	C	D	W	P	K	H	K	K	I
G	E	B	Y	Y	L	J	B	X	J	C	U	I	V	F	K	E	T	X
L	E	G	N	E	S	T	H	C	A	N	H	I	E	W	Z	N	U	F
S	E	T	X	B	Y	C	M	S	F	J	Q	T	Q	X	C	S	W	B

F	N	E	X	N	K	K	Z	P	Q	M	W	S	J	J	L	C	B	J
I	M	Z	X	C	L	H	W	S	J	C	S	V	B	C	M	Q	I	I
Q	S	R	B	Z	X	G	I	A	E	F	W	S	M	K	X	P	R	E
F	N	E	G	H	N	W	V	C	E	A	T	M	V	W	X	Z	T	H
W	S	K	J	Q	Y	E	A	S	D	R	C	N	A	C	H	T	T	R
Q	E	S	O	K	I	L	T	D	O	I	N	L	Y	S	D	H	Q	T
A	K	T	T	J	I	I	V	H	A	Q	E	K	S	E	O	L	Z	K
Z	C	N	N	D	V	D	S	N	D	V	S	H	L	N	G	E	F	B
Z	O	E	Z	D	Q	T	T	E	J	Q	S	V	W	E	Q	F	E	B
V	S	V	Z	V	E	G	A	F	L	O	E	M	V	H	X	S	N	L
Z	S	D	P	R	E	S	B	P	T	H	S	M	O	C	N	E	Z	Z
Y	T	A	N	M	S	U	L	R	G	B	T	J	S	U	S	F	W	Z
M	H	X	B	L	E	Q	T	A	I	W	H	C	T	K	M	O	J	S
U	C	Y	V	Z	Q	H	J	K	C	A	C	N	I	M	W	I	J	Z
C	A	H	Q	W	L	L	E	Q	W	Y	A	Q	L	U	O	W	N	Q
Y	N	N	B	L	C	H	I	L	R	I	N	I	L	A	I	W	X	S
C	H	Q	M	Z	Y	J	E	K	H	A	H	F	E	B	R	V	U	E
S	I	F	T	A	O	I	R	H	N	T	I	Q	G	O	C	O	X	A
Q	E	X	K	N	L	V	M	U	L	W	E	G	G	H	X	E	T	M
Y	W	E	S	S	E	U	N	L	A	W	W	B	E	Y	S	J	N	Z
K	D	L	I	X	Z	T	I	G	Y	S	Q	P	Y	N	C	R	U	C
G	S	G	F	D	B	L	S	D	U	R	Y	R	L	F	Y	R	Y	S
V	C	A	N	T	J	C	R	D	P	S	U	M	N	I	E	K	M	V
T	Y	H	J	G	E	R	P	W	L	O	R	S	L	I	V	J	P	V

13

WEIHNACHTSESSEN
BAUMKUCHEN
FEST
ADVENTSKERZE
KARPFEN

STILLE NACHT
STROHSTERN
BETHLEHEM
WALNUESSE
WEIHNACHTSSOCKE

Lösung

F	N	E	X	N	K	K	Z	P	Q	M	W	S	J	J	L	C	B	J
I	M	Z	X	C	L	H	W	S	J	C	S	V	B	C	M	Q	I	I
Q	S	R	B	Z	X	G	I	A	E	F	W	S	M	K	X	P	R	E
F	N	E	G	H	N	W	V	C	E	A	T	M	V	W	X	Z	T	H
W	S	K	J	Q	Y	E	A	S	D	R	C	N	A	C	H	T	T	R
Q	E	S	O	K	I	L	T	D	O	I	N	L	Y	S	D	H	Q	T
A	K	T	T	J	I	I	V	H	A	Q	E	K	S	E	O	L	Z	K
Z	C	N	N	D	V	D	S	N	D	V	S	H	L	N	G	E	F	B
Z	O	E	Z	D	Q	T	T	E	J	Q	S	V	W	E	Q	F	E	B
V	S	V	Z	V	E	G	A	F	L	O	E	M	V	H	X	S	N	L
Z	S	D	P	R	E	S	B	P	T	H	S	M	O	C	N	E	Z	Z
Y	T	A	N	M	S	U	L	R	G	B	T	J	S	U	S	F	W	Z
M	H	X	B	L	E	Q	T	A	I	W	H	C	T	K	M	O	J	S
U	C	Y	V	Z	Q	H	J	K	C	A	C	N	I	M	W	I	J	Z
C	A	H	Q	W	L	L	E	Q	W	Y	A	Q	L	U	O	W	N	Q
Y	N	N	B	L	C	H	I	L	R	I	N	I	L	A	I	W	X	S
C	H	Q	M	Z	Y	J	E	K	H	A	H	F	E	B	R	V	U	E
S	I	F	T	A	O	I	R	H	N	T	I	Q	G	O	C	O	X	A
Q	E	X	K	N	L	V	M	U	L	W	E	G	G	H	X	E	T	M
Y	W	E	S	S	E	U	N	L	A	W	W	B	E	Y	S	J	N	Z
K	D	L	I	X	Z	T	I	G	Y	S	Q	P	Y	N	C	R	U	C
G	S	G	F	D	B	L	S	D	U	R	Y	R	L	F	Y	R	Y	S
V	C	A	N	T	J	C	R	D	P	S	U	M	N	I	E	K	M	V
T	Y	H	J	G	E	R	P	W	L	O	R	S	L	I	V	J	P	V

W	Y	B	G	B	B	Q	T	S	C	N	X	X	B	A	C	S	A	T
Y	H	R	R	A	E	F	Y	O	R	D	V	C	Z	L	V	G	D	J
T	I	L	D	N	N	A	A	S	P	N	K	E	O	C	U	X	P	M
X	T	F	S	E	O	Z	G	M	Z	M	Q	E	I	Y	C	Y	Y	F
Q	F	L	D	T	C	H	S	A	S	T	F	X	X	J	C	M	F	M
A	A	J	A	I	M	P	O	G	J	A	G	L	N	W	H	J	B	S
H	S	K	F	E	X	C	Q	H	U	V	N	N	P	O	W	Q	L	M
L	A	E	Q	K	D	L	J	R	O	O	A	T	K	M	B	A	H	H
F	W	H	B	R	S	A	B	O	B	H	R	H	A	L	K	O	V	U
Q	F	X	S	A	T	U	A	X	E	P	X	N	R	E	Q	K	Y	X
C	N	T	U	B	P	S	G	Q	I	C	V	E	H	C	C	E	S	E
I	X	R	I	T	O	E	J	X	L	H	P	G	Z	K	L	P	A	E
O	Z	T	T	S	C	C	X	I	I	W	O	N	G	E	T	Z	E	Z
R	Q	N	A	O	T	M	D	K	M	Y	S	I	A	R	T	G	S	Z
O	N	N	L	K	F	D	R	C	A	X	Y	S	R	B	D	R	I	L
P	U	A	U	S	F	N	N	P	F	Y	Z	T	L	I	C	J	Y	D
W	P	M	K	S	Q	L	B	F	Y	Q	R	Z	W	S	C	Y	T	W
X	G	E	E	U	Y	R	T	S	H	A	B	R	J	S	R	Y	E	T
W	S	E	P	N	C	T	G	B	D	E	D	W	H	E	E	Q	N	V
H	M	N	S	E	L	O	Z	I	S	H	V	A	J	N	U	I	H	U
U	Y	H	O	G	P	N	T	J	N	I	H	L	V	N	J	R	Y	X
Z	J	C	D	M	A	I	J	F	T	T	F	D	K	I	O	K	O	Y
T	D	S	N	C	O	U	I	T	W	R	X	M	J	M	A	N	D	A
K	Q	V	D	N	D	P	V	C	U	B	Z	I	J	U	M	X	F	W

SCHNEEMANN
GENUSS
SINGEN
KOSTBARKEITEN
HOHOHO

SANTA CLAUSE
TRADITION
SPEKULATIUS
LECKERBISSEN
FAMILIE

Lösung

W	Y	B	G	B	B	Q	T	S	C	N	X	X	B	A	C	S	A	T
Y	H	R	R	A	E	F	Y	O	R	D	V	C	Z	L	V	G	D	J
T	I	L	D	N	N	A	A	S	P	N	K	E	O	C	U	X	P	M
X	T	F	S	E	O	Z	G	M	Z	M	Q	E	I	Y	C	Y	Y	F
Q	F	L	D	T	C	H	S	A	S	T	F	X	X	J	C	M	F	M
A	A	J	A	I	M	P	O	G	J	A	G	L	N	W	H	J	B	S
H	S	K	F	E	X	C	Q	H	U	V	N	N	P	O	W	Q	L	M
L	A	E	Q	K	D	L	J	R	O	O	A	T	K	M	B	A	H	H
F	W	H	B	R	S	A	B	O	B	H	R	H	A	L	K	O	V	U
Q	F	X	S	A	T	U	A	X	E	P	X	N	R	E	Q	K	Y	X
C	N	T	U	B	P	S	G	Q	I	C	V	E	H	C	C	E	S	E
I	X	R	I	T	O	E	J	X	L	H	P	G	Z	K	L	P	A	E
O	Z	T	T	S	C	C	X	I	I	W	O	N	G	E	T	Z	E	Z
R	Q	N	A	O	T	M	D	K	M	Y	S	I	A	R	T	G	S	Z
O	N	N	L	K	F	D	R	C	A	X	Y	S	R	B	D	R	I	L
P	U	A	U	S	F	N	N	P	F	Y	Z	T	L	I	C	J	Y	D
W	P	M	K	S	Q	L	B	F	Y	Q	R	Z	W	S	C	Y	T	W
X	G	E	E	U	Y	R	T	S	H	A	B	R	J	S	R	Y	E	T
W	S	E	P	N	C	T	G	B	D	E	D	W	H	E	E	Q	N	V
H	M	N	S	E	L	O	Z	I	S	H	V	A	J	N	U	I	H	U
U	Y	H	O	G	P	N	T	J	N	I	H	L	V	N	J	R	Y	X
Z	J	C	D	M	A	I	J	F	T	T	F	D	K	I	O	K	O	Y
T	D	S	N	C	O	U	I	T	W	R	X	M	J	M	A	N	D	A
K	Q	V	D	N	D	P	V	C	U	B	Z	I	J	U	M	X	F	W

B	D	O	V	I	A	V	T	H	C	A	N	H	I	E	W	X	R	D
S	M	G	O	L	D	S	U	A	S	F	W	R	J	X	S	P	X	M
G	O	I	Y	F	H	F	P	M	A	L	D	Y	E	L	G	W	W	U
N	D	Y	H	G	E	B	E	I	L	N	E	T	S	H	C	E	A	N
W	M	Z	I	V	K	C	C	T	F	Y	E	N	T	Y	C	H	B	F
J	J	O	T	Q	T	R	P	U	D	N	B	E	E	W	T	O	T	K
V	O	X	B	P	R	N	T	F	G	R	K	H	D	H	E	S	X	K
N	S	O	J	T	C	E	O	E	K	K	X	C	H	Y	C	K	U	X
P	L	V	K	C	P	H	S	K	W	C	N	K	L	X	O	R	I	A
L	J	E	M	Y	G	E	R	G	C	J	Z	C	U	D	K	O	I	I
K	E	I	G	J	G	X	T	I	K	K	N	E	W	Y	Y	Q	R	K
K	K	F	J	U	Q	F	A	O	S	P	J	A	E	E	I	K	R	Y
D	X	Y	R	A	K	O	R	R	V	T	S	P	I	O	O	E	U	U
A	D	R	D	R	T	S	L	Q	D	R	U	T	T	R	W	V	A	T
M	V	W	A	I	P	C	T	E	K	G	K	S	W	K	C	S	F	U
N	H	I	Z	O	T	R	N	H	F	H	H	U	K	O	Z	S	A	P
X	B	N	D	C	L	H	L	H	C	P	S	Q	B	I	K	B	T	B
V	I	W	I	N	F	O	C	X	T	A	A	G	E	G	N	M	T	D
A	L	K	T	P	I	I	E	A	I	P	N	T	E	U	G	D	E	V
Y	W	B	Q	D	Q	Z	Z	O	N	N	G	H	A	B	G	L	M	M
P	B	P	D	E	L	F	C	A	C	I	F	B	I	R	E	P	A	C
X	M	S	L	X	O	K	O	B	M	A	E	W	H	E	B	N	L	Q
N	W	D	P	W	O	X	P	X	M	V	S	S	W	R	W	Y	B	U
M	W	I	B	J	B	S	Z	D	N	M	O	V	S	V	Y	G	K	L

15

GEBEN
WEIHNACHTSKUGELN
GESEGNETE WEIHNACHT
CHRISTUSKIND
PAECKCHEN

KIRCHE
BRATAPFEL
LAMETTA
NACHT
NAECHSTENLIEBE

Lösung

B	D	O	V	I	A	V	T	H	C	A	N	H	I	E	W	X	R	D
S	M	G	O	L	D	S	U	A	S	F	W	R	J	X	S	P	X	M
G	O	I	Y	F	H	F	P	M	A	L	D	Y	E	L	G	W	W	U
N	D	Y	H	G	E	B	E	I	L	N	E	T	S	H	C	E	A	N
W	M	Z	I	V	K	C	C	T	F	Y	E	N	T	Y	C	H	B	F
J	J	O	T	Q	T	R	P	U	D	N	B	E	E	W	T	O	T	K
V	O	X	B	P	R	N	T	F	G	R	K	H	D	H	E	S	X	K
N	S	O	J	T	C	E	O	E	K	K	X	C	H	Y	C	K	U	X
P	L	V	K	C	P	H	S	K	W	C	N	K	L	X	O	R	I	A
L	J	E	M	Y	G	E	R	G	C	J	Z	C	U	D	K	O	I	I
K	E	I	G	J	G	X	T	I	K	K	N	E	W	Y	Y	Q	R	K
K	K	F	J	U	Q	F	A	O	S	P	J	A	E	E	I	K	R	Y
D	X	Y	R	A	K	O	R	R	V	T	S	P	I	O	O	E	U	U
A	D	R	D	R	T	S	L	Q	D	R	U	T	T	R	W	V	A	T
M	V	W	A	I	P	C	T	E	K	G	K	S	W	K	C	S	F	U
N	H	I	Z	O	T	R	N	H	F	H	H	U	K	O	Z	S	A	P
X	B	N	D	C	L	H	L	H	C	P	S	Q	B	I	K	B	T	B
V	I	W	I	N	F	O	C	X	T	A	A	G	E	G	N	M	T	D
A	L	K	T	P	I	I	E	A	I	P	N	T	E	U	G	D	E	V
Y	W	B	Q	D	Q	Z	Z	O	N	N	G	H	A	B	G	L	M	M
P	B	P	D	E	L	F	C	A	C	I	F	B	I	R	E	P	A	C
X	M	S	L	X	O	K	O	B	M	A	E	W	H	E	B	N	L	Q
N	W	D	P	W	O	X	P	X	M	V	S	S	W	R	W	Y	B	U
M	W	I	B	J	B	S	Z	D	N	M	O	V	S	V	Y	G	K	L

B B T T I M X V P G F D X K Z C O X T
O B I F J S J R G B A J T J I J C L C
P N A L A T D C D U K C D W S B Z O L
J O D C Q Q H Z L D Y N U K E Z Q J D
Q W V W E I H N A C H T S D E K O H H
I B E U H O G A A Q H V Z Y S N J A V
K D N K J L P F C F G K K J F U R V P
E H T G M U A B T S I R H C B P Y M W
E E S B A E V N H E I N E F D L E B H
Q Y K P Z I G G H P I Z E X G F V Z X
Y Y O A B M O P P E T W J L R K H K X
U E N J I F U E D U T B Q L T J P O V
X X Z A X B N E M K M U P I Q F Q N W
E G E F J S R E K B S Y U U Y O C J N
S W R I P K D R C T S E F T S I R H C
S N T I U M O S T Z M W M A X P R A J
E F E N D I F V M I L S U L K E Y B R
U L F J H A U T S A W X B V V I R Q V
N T Q C S I O Q N K H J M N N K O T M
J X L H A A N X P L Y U U P Y L S Q W
G E Q Z R A V I V C M G C U H B C F C
M K U V T S E F S T H C A N H I E W I
A E A P G Y S U Q O U G S J Z L E P V
U U V J H T A J X R Y T B B I Z R L Q

16

WEIHNACHTSDEKO
DEMUT
CHRISTBAUM
CHRISTFEST
WEIHNACHTSFEST
NUESSE
NIEDERKUNFT
ADVENTSKONZERT
KRIPPENSPIEL
MELCHIOR

Lösung

B B T T I M X V P G F D X K Z C O X T
O B I F J S J R G B A J T J I J C L C
P N A L A T D C D U K C D W S B Z O L
J O D C Q Q H Z L D Y N U K E Z Q J D
Q W V W E I H N A C H T S D E K O H H
I B E U H O G A A Q H V Z Y S N J A V
K D N K J L P F C F G K K J F U R V P
E H T G M U A B T S I R H C B P Y M W
E E S B A E V N H E I N E F D L E B H
Q Y K P Z I G G H P I Z E X G F V Z X
Y Y O A B M O P P E T W J L R K H K X
U E N J I F U E D U T B Q L T J P O V
X X Z A X B N E M K M U P I Q F Q N W
E G E F J S R E K B S Y U U Y O C J N
S W R I P K D R C T S E F T S I R H C
S N T I U M O S T Z M W M A X P R A J
E F E N D I F V M I L S U L K E Y B R
U L F J H A U T S A W X B V V I R Q V
N T Q C S I O Q N K H J M N N K O T M
J X L H A A N X P L Y U U P Y L S Q W
G E Q Z R A V I V C M G C U H B C F C
M K U V T S E F S T H C A N H I E W I
A E A P G Y S U Q O U G S J Z L E P V
U U V J H T A J X R Y T B B I Z R L Q

K	Z	E	X	C	U	W	X	Z	Z	U	J	U	X	Y	U	G	J	W
A	B	J	H	R	V	Y	V	U	D	Q	L	S	I	S	Z	G	I	Y
Y	X	C	Z	V	C	N	H	E	F	B	M	X	S	O	X	I	E	T
F	F	G	T	V	S	C	G	M	U	K	R	D	I	N	E	E	V	F
K	F	U	S	N	D	V	C	D	T	U	W	S	T	E	E	W	Z	G
S	K	V	Z	H	B	E	F	S	Q	C	Y	J	I	H	B	Z	J	A
Z	S	V	F	U	K	K	O	Y	A	H	U	H	P	C	R	L	H	Q
Q	S	U	H	W	D	J	H	Q	O	R	Y	D	I	U	E	E	O	F
P	S	G	R	N	M	R	N	O	B	I	J	J	O	K	T	T	G	W
L	P	J	A	G	C	U	H	J	O	S	L	S	H	B	L	S	E	O
N	G	K	E	U	S	D	D	S	L	T	Z	P	F	E	A	I	M	I
S	H	Z	O	D	S	T	L	Z	Q	F	S	H	F	L	H	M	U	A
H	I	P	Y	O	U	H	H	N	K	E	R	X	O	N	N	D	E	R
Z	X	P	Q	S	F	E	I	C	F	S	K	F	A	W	E	Q	T	L
Q	M	A	O	J	U	Q	R	K	A	T	U	C	U	U	Z	V	L	K
J	Z	U	T	U	L	I	A	F	H	N	H	E	Z	W	R	C	I	M
A	E	A	D	U	J	W	P	M	R	T	H	F	K	T	E	N	C	Q
M	X	A	F	D	A	K	D	K	S	O	T	I	H	A	K	S	H	A
S	N	J	C	R	Q	Q	R	T	J	D	V	V	E	D	B	R	K	V
S	I	B	U	U	B	A	R	T	C	U	P	X	T	W	E	P	E	L
I	I	O	O	R	U	U	D	Z	S	F	B	R	C	X	U	W	I	L
C	Q	S	Z	F	B	Y	X	G	B	V	U	E	V	B	J	E	T	O
G	G	E	E	E	D	Y	D	U	B	V	U	H	L	I	Y	S	C	S
K	U	R	L	R	J	T	M	T	E	D	K	T	I	N	W	J	Y	R

17

VORFREUDE
MISTELZWEIG
KERZENHALTER
CHRISTFEST
JUDAEA
JUBELN
WEIHNACHTSTRUBEL
LEBKUCHEN
WEIHNACHTSGRUSS
GEMUETLICHKEIT

Lösung

K Z E X C U W X Z Z U J U X Y U G J W
A B J H R V Y V U D Q L S I S Z G I Y
Y X C Z V C N H E F B M X S O X I E T
F F G T V S C G M U K R D I N E E V F
K F U S N D V C D T U W S T E E W Z G
S K V Z H B E F S Q C Y J I H B Z J A
Z S V F U K K O Y A H U H P C R L H Q
Q S U H W D J H Q O R Y D I U E E O F
P S G R N M R N O B I J J O K T T G W
L P J A G C U H J O S L S H B L S E O
N G K E U S D D S L T Z P F E A I M I
S H Z O D S T L Z Q F S H F L H M U A
H I P Y O U H H N K E R X O N N D E R
Z X P Q S F E I C F S K F A W E Q T L
Q M A O J U Q R K A T U C U U Z V L K
J Z U T U L I A F H N H E Z W R C I M
A E A D U J W P M R T H F K T E N C Q
M X A F D A K D K S O T I H A K S H A
S N J C R Q Q R T J D V V E D B R K V
S I B U U B A R T C U P X T W E P E L
I I O O R U U D Z S F B R C X U W I L
C Q S Z F B Y X G B V U E V B J E T O
G G E E E D Y D U B V U H L I Y S C S
K U R L R J T M T E D K T I N W J Y R

L	Z	I	N	F	G	R	Q	W	B	G	U	N	H	V	H	G	Z	X
C	X	M	B	N	M	P	P	F	V	O	C	H	O	Y	C	J	R	V
C	H	J	X	Y	D	J	P	G	E	Z	P	W	O	G	U	Y	E	N
P	W	N	M	Z	J	V	S	L	I	G	W	J	P	K	A	C	B	F
K	I	S	U	M	S	T	H	C	A	N	H	I	E	W	R	H	I	X
P	X	G	N	V	J	A	G	B	H	O	W	C	Q	P	B	B	N	S
V	P	Y	N	S	E	C	O	N	Q	O	P	M	Z	M	S	R	W	W
T	S	Y	X	K	I	N	D	X	C	D	W	U	V	G	T	H	F	A
T	R	W	Z	E	Y	Q	E	O	Z	L	E	A	K	S	H	Z	S	I
Q	A	B	P	M	T	S	I	Z	R	O	W	B	D	Q	C	J	P	C
L	S	A	L	Q	P	V	L	I	U	G	R	T	V	S	A	O	H	R
G	A	K	R	X	K	Z	S	M	B	C	Q	S	I	N	N	P	L	Y
U	H	R	G	K	C	K	T	T	W	E	D	I	S	T	H	N	U	L
R	T	X	D	A	S	V	N	S	E	G	X	R	O	T	I	L	C	F
E	L	I	U	V	V	M	E	T	I	E	U	H	B	X	E	U	Y	Z
K	A	F	R	D	R	Z	V	E	A	S	N	C	L	D	W	I	A	W
C	B	T	G	L	D	V	D	R	X	C	U	H	P	D	M	R	U	L
A	D	Y	I	I	W	P	A	N	V	H	Y	N	C	W	Z	T	K	H
N	J	V	L	I	S	S	Y	M	L	M	R	L	U	S	Q	R	O	K
K	T	H	V	U	R	R	E	T	K	U	L	S	P	M	D	P	V	O
S	H	U	M	D	B	T	X	L	N	E	U	E	R	F	I	W	F	C
S	D	K	H	S	O	H	K	L	G	C	S	T	P	Z	N	C	C	R
U	V	H	A	U	W	X	G	J	S	K	P	E	Q	D	J	A	J	F
N	A	O	Z	P	G	L	M	N	C	T	O	E	L	K	B	K	A	J

ADVENTSLIED
WEIHNACHTSMUSIK
GESCHMUECKT
NUSSKNACKER
CHRISTBAUM

FREUEN
ZIMTSTERN
WEIHNACHTSBRAUCH
BALTHASAR
SCHNEE

Lösung

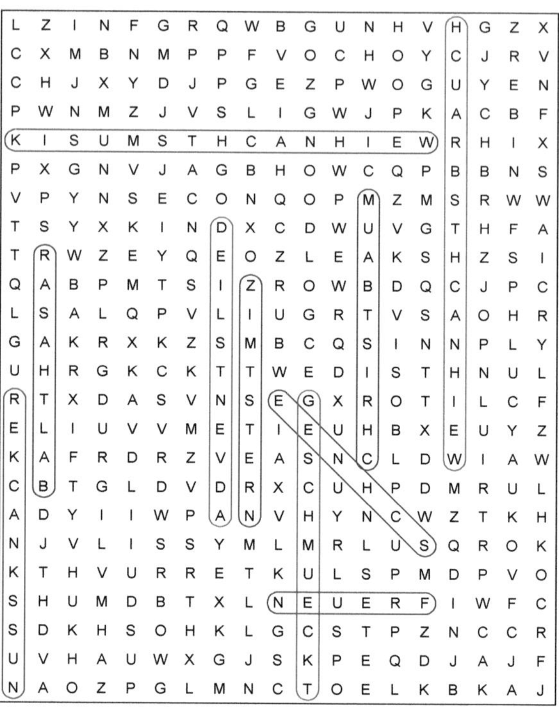

DAS

BIBELVERSE

WORTSUCHRÄTSEL BUCH

E I N E M S G K E M I I G Z C W P Y S
P C R W N L O I P M Z Y J T U O Y D U
Q Y V I A W F U A B U K C Y K B C Q A
U D Q U T F R N J N V S G Z B S V S O
N X B M H U R X E B E L X R Z V F K W
Z E E O D R M K W W R D H O Z H S B X
J O K P C O Y E F N S Y O K E U I G H
X W B O B V Z K D L I V F Y E Y E L U
D A Q H Q P X R J E C J F Z Y V H Y U
W S F E D E R C G F H R T E I S T T Z
F N D G M T P L A I T U W O A V S I V
I J I O M S Y G L E C M U Z K M C K E
W C W C Z I T P C W H A R J J U N D A
Z A B S H C J E S Z H Z N Y F P P U B
M O S Z U T S J E T G B B N O B G O E
G A X T R A Z I Y H J A N V Q T K P R
D E L C N B N D E C X P N R B S K Q Y
E J K M A N S U B I W Q J C R C C U K
X O O Q A B D M I N D N I V S T J O P
T G V M U Z F S E E W U W K T I V A F
S V A U Q Y X O S C E Z F E S T E Q H
C Y E V T K N S L C I I S E Y P R F L
G X G V Y R E S G D J N W J P E C F Q
C Y D O B N Z Y T W N H X J O X X R P

Hebräer 11:1

ES
IST
ABER
DER
GLAUBE
EINE
FESTE

ZUVERSICHT
DESSEN
WAS
MAN
HOFFT
UND
EIN

NICHTZWEIFELN
AN
DEM
WAS
MAN
NICHT
SIEHT

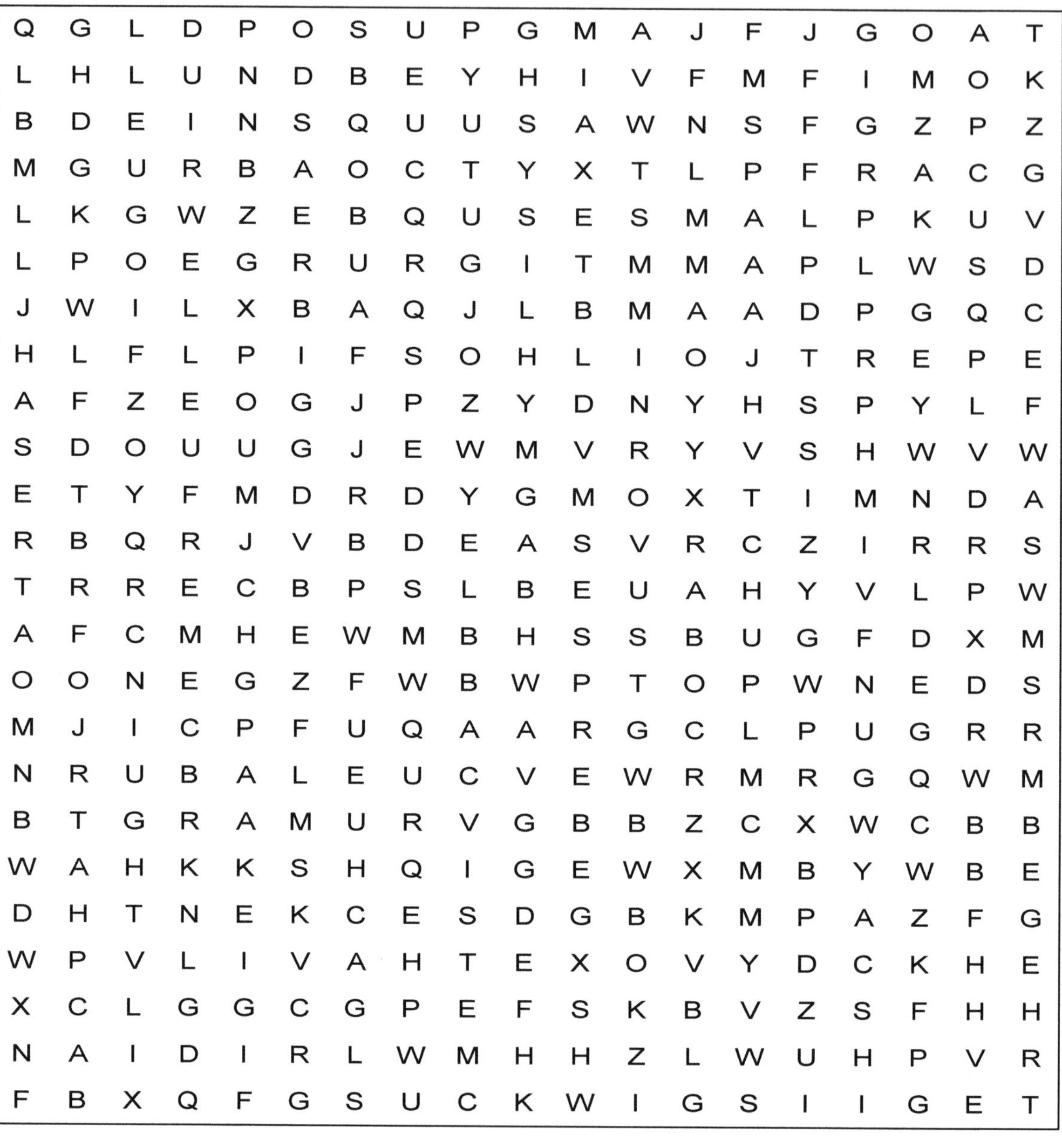

2

Psalm 20:5

ER	UND
GEBE	ERFUELLE
DIR	ALLES
WAS	WAS
DEIN	DU
HERZ	DIR
BEGEHRT	VORNIMMST

3

1 Korinther 16:14

ALLE
EURE
DINGE
LASST

IN
DER
LIEBE
GESCHEHEN

W W C Z D U X W T P H W I W D H Q T P
I I K V V Q N X W S R E X U P F F E K
J V N K F L I S E Y Q R I R I P V E F
Y H W G D Q X I E X I F T E J T H A A
U T C R U O D N R U N Q E M I N X D F
Q M O I K M H V L Y S P B Q I D H U N
O A O K L W S X F J V V E M D E F A E
M F H M B H I K D G B C T U V O Z O L
D G N W X S E L Z C C H E U C D D D L
I Q E I Y H W O L E F R T U P S E Y A
B Z P Y H U K D R E U I J N S R N U Q
W A Z Y S T T I C F P S T T N E N S F
G A K L H U D N V T O T B E I C I L L
O S Q J J U S G V Y J U A R H W F D I
T G X I N V O E N Z J S L L D R I V H
T C F T F F I N J Y Y S M A E A E R Y
E X O I F M H M F D K E J S R N K U P
S B G E O T Q T U F L J H S R D X W F
X L U Z E D S T F F Y C K F P U J D Z
T Y X E A U G Z L R D O H H V C H X E
X W N L Z H C H R A B K N A D H F Y U
C N L L L G G H T C Y Q U M H H C Y I
O R K A T F C E I Q A N R K P W H L S
D B Z X I N S A D S F Z R E I Q F S T
4
1
Thessalonicher
5:16-18
SEID
ALLEZEIT
FROEHLICH
BETET
OHNE
UNTERLASS
SEID
DANKBAR
IN
ALLEN
DINGEN
DENN
DAS
IST
DER
WILLE
GOTTES
IN
CHRISTUS
JESUS
FUER
EUCH

S	S	T	N	W	Y	P	G	M	P	X	Q	X	K	S	L	Z	G	P
P	P	J	O	S	Y	U	H	C	C	F	S	P	O	T	B	E	M	J
E	N	M	M	E	Z	I	Q	A	S	E	D	J	G	N	N	S	H	H
F	E	E	T	K	T	B	A	N	C	O	Y	J	O	U	Q	S	Y	L
E	D	D	T	S	O	S	L	Z	A	C	E	G	G	W	J	Y	Q	U
F	E	Z	U	I	E	A	U	Y	D	G	D	T	L	H	F	M	G	Y
Z	U	F	K	A	I	Q	D	E	H	H	N	F	R	H	G	I	L	U
F	M	N	K	U	B	C	M	U	P	H	U	K	S	M	R	I	I	J
N	E	D	N	E	G	E	O	M	R	E	V	N	U	K	B	U	A	G
H	L	K	T	M	A	A	V	B	O	D	V	O	H	G	N	B	T	O
R	T	Z	M	Q	C	E	M	J	O	R	B	E	V	F	A	X	W	D
J	K	M	E	C	W	R	S	U	D	D	T	E	Z	U	I	F	R	X
L	Z	T	G	P	T	Q	Y	P	U	M	F	G	I	C	N	K	W	T
D	F	R	I	A	O	R	V	I	M	M	X	F	S	G	U	I	J	J
H	V	Y	X	I	F	E	P	S	C	J	O	T	H	K	J	L	D	B
R	T	Z	N	S	A	P	M	E	P	G	A	A	A	D	P	N	A	F
K	A	J	R	H	V	D	A	B	P	E	W	Z	E	E	T	P	O	N
L	L	T	V	P	Q	Z	W	Q	R	L	R	W	P	H	H	W	H	U
T	G	W	Z	Z	F	X	K	K	A	M	V	J	S	I	A	B	S	Q
W	F	T	D	K	V	V	E	U	E	B	Q	S	G	V	W	Q	W	P
H	S	A	P	O	L	K	O	C	M	V	E	J	T	B	B	A	E	P
M	E	D	R	U	C	H	S	P	D	Q	Q	Z	T	M	V	F	E	T
T	B	I	G	K	W	U	X	G	V	S	A	E	Y	A	P	L	Y	N
D	B	R	J	H	U	E	F	B	R	U	W	Y	R	B	J	V	W	O

5

Jesaja 40:29

ER
GIBT
DEM
MUEDEN
KRAFT

UND
STAERKE
GENUG
DEM
UNVERMOEGENDEN

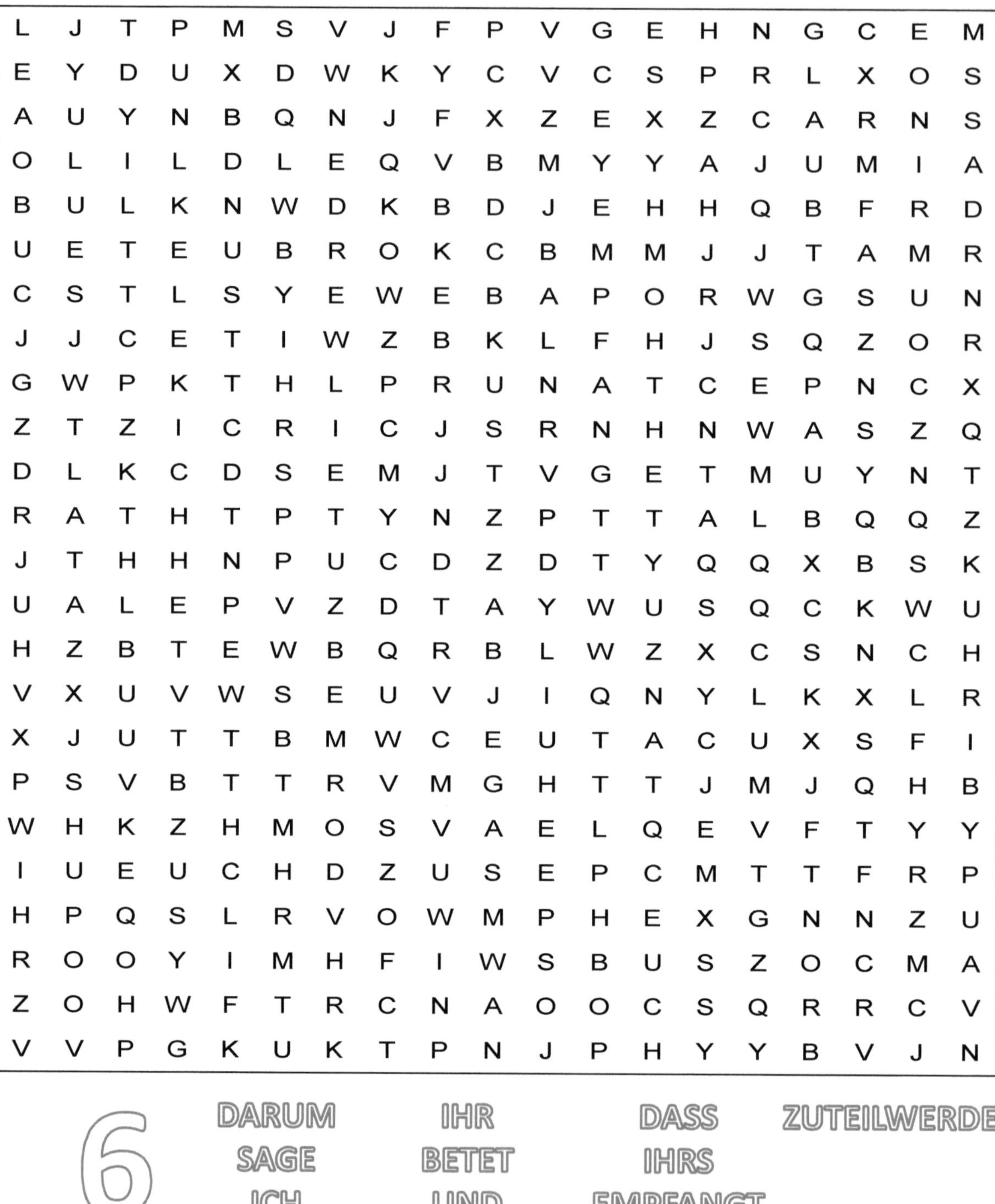

6

Markus 11:24

DARUM
SAGE
ICH
EUCH
ALLES
WAS

IHR
BETET
UND
BITTET
GLAUBT
NUR

DASS
IHRS
EMPFANGT
SO
WIRDS
EUCH

ZUTEILWERDEN

F	W	N	I	H	X	Q	Y	U	J	C	T	C	D	N	C	T	T	M
A	X	A	T	H	N	G	S	G	H	U	W	C	I	X	A	I	E	D
J	F	Q	J	L	Y	P	X	S	R	U	Q	C	E	S	M	I	F	G
E	G	I	H	X	M	J	V	W	I	U	H	V	T	C	N	L	G	D
E	D	J	A	D	D	B	N	X	B	T	Q	X	A	Q	J	O	J	P
Z	C	V	T	Z	L	F	N	E	E	E	F	Y	K	C	T	T	E	X
Q	O	Q	V	D	C	L	Y	T	B	F	Q	O	G	T	I	O	D	J
J	T	O	O	E	B	R	A	H	G	Y	L	E	B	K	H	Y	E	I
J	R	M	E	Q	A	H	Z	Y	K	Y	L	Q	W	A	O	I	R	W
Z	S	M	I	J	U	E	S	N	V	U	A	Q	N	E	N	I	E	L
E	X	W	V	N	S	Q	R	E	U	B	P	W	L	H	K	I	J	K
V	P	C	B	E	P	I	F	M	A	N	L	I	A	Y	C	E	C	I
T	X	I	P	H	R	D	M	M	L	W	W	C	F	N	J	I	E	H
Z	Z	V	S	C	C	N	C	O	S	L	A	I	B	R	N	X	S	Y
T	W	G	A	I	J	X	S	N	F	L	K	B	L	J	E	E	F	D
K	B	T	L	L	J	W	H	E	Z	I	K	R	W	L	Q	B	D	C
Y	W	Y	N	H	N	C	Y	G	J	E	O	Z	M	Q	E	Y	E	H
J	Q	E	E	E	K	Z	Q	R	K	B	C	X	X	D	W	N	Z	G
V	J	V	Z	O	P	E	O	O	V	I	C	V	D	I	F	O	W	C
D	M	S	R	R	Z	E	S	V	R	G	B	H	E	G	C	M	A	K
R	T	R	E	F	U	O	R	O	G	Y	D	M	C	W	P	I	N	B
A	Q	H	H	A	T	Z	E	Q	D	F	W	V	X	E	K	B	G	H
O	X	V	A	J	C	Z	G	U	M	E	Z	V	U	F	M	H	T	Y
M	S	U	T	R	T	B	P	P	R	K	R	E	A	T	V	F	Z	S

7

2 Korinther 9:7

EIN
JEDER
WIE
ERS
SICH
IM
HERZEN

VORGENOMMEN
HAT
NICHT
MIT
UNWILLEN
ODER
AUS

ZWANG
DENN
EINEN
FROEHLICHEN
GEBER
HAT
GOTT

LIEB

S	A	W	K	Y	R	E	Z	D	U	Q	H	G	B	X	T	D	Q	X
V	F	O	S	B	N	O	U	P	I	H	P	O	P	J	R	I	H	F
Z	N	L	I	B	D	S	V	M	Y	E	Y	B	J	D	L	W	O	M
U	X	L	J	O	N	E	N	L	H	X	Z	H	Y	V	O	Q	E	E
V	W	W	V	C	T	B	F	S	I	I	M	C	D	W	D	R	R	N
E	X	S	E	I	S	T	H	Z	C	N	E	U	I	M	E	H	T	I
R	N	N	L	E	N	R	I	W	E	U	B	L	A	W	G	P	Y	E
S	I	Y	Q	G	V	R	E	D	E	N	L	M	I	X	J	J	B	S
I	Z	P	W	H	S	E	J	U	G	E	V	K	V	I	C	L	H	J
C	V	W	W	X	R	K	D	N	N	U	R	Y	H	R	W	C	P	S
H	C	H	A	L	F	A	O	S	R	L	T	I	W	T	A	W	X	A
T	L	T	D	S	U	K	J	L	I	D	X	X	W	N	B	G	U	J
B	E	D	C	Q	Q	F	E	A	Q	L	E	M	Q	I	K	W	U	H
L	R	P	J	K	V	X	L	T	W	A	B	M	T	O	Z	Q	L	A
W	R	J	Z	E	I	J	Q	D	M	O	Q	T	O	O	W	P	N	G
D	P	I	S	N	N	R	Q	Q	Z	E	E	F	U	S	G	H	M	Z
G	R	E	D	N	E	R	I	Z	R	N	D	T	X	O	K	F	X	E
I	T	L	X	E	K	P	Y	C	C	N	F	F	A	N	E	U	F	F
A	I	C	D	W	O	T	Q	J	U	G	Y	R	F	Z	E	L	L	K
T	Y	H	W	H	I	Q	P	H	V	O	T	Y	B	E	S	A	U	X
K	N	J	M	C	P	E	W	M	G	T	S	A	W	T	E	A	U	X
F	T	W	J	R	R	H	W	Y	S	W	X	I	V	B	R	N	T	I
Y	A	S	T	E	W	S	M	V	V	I	L	T	O	U	M	E	I	B
V	Y	G	Y	W	J	V	N	O	V	F	V	W	S	D	A	S	M	Q

1 Johannes 5:14

UND
DAS
IST
DIE
ZUVERSICHT
MIT
DER

WIR
VOR
IHM
REDEN
WENN
WIR
UM

ETWAS
BITTEN
NACH
SEINEM
WILLEN
SO
HOERT

ER
UNS

I	E	V	Y	B	R	B	P	O	F	W	S	X	Y	R	R	K	E	X
I	R	M	Y	N	C	W	Q	O	T	Q	Z	B	K	S	V	I	P	G
F	O	H	H	C	K	E	F	Q	D	G	O	Z	V	L	X	E	A	U
Q	T	G	G	I	Z	R	H	T	W	Y	B	V	I	I	M	J	B	M
K	E	R	U	H	B	G	U	W	K	H	R	T	X	W	R	A	D	Y
C	Y	A	U	Z	S	B	U	O	K	I	Y	P	S	S	W	H	I	X
E	M	K	S	E	T	O	N	W	K	B	G	S	D	G	P	W	H	V
V	I	R	S	T	B	U	I	M	E	U	F	U	Y	Q	R	A	W	Z
R	G	H	E	T	L	S	T	Y	M	V	M	E	N	X	V	L	M	Z
Z	O	M	C	J	L	A	A	Z	K	U	X	N	L	R	T	P	D	N
R	I	J	M	I	N	O	Z	L	H	G	D	Z	Z	T	E	B	E	G
B	I	C	O	M	L	N	I	N	S	C	I	N	T	S	B	W	A	H
O	M	Q	I	J	I	H	H	V	Y	J	I	Z	H	R	N	Z	K	O
K	Q	K	M	U	T	P	E	Q	X	O	J	L	L	Z	Y	Y	F	P
R	G	S	F	B	D	N	O	O	U	D	P	L	R	U	L	W	F	W
D	N	Z	G	M	U	I	N	S	R	J	S	S	T	R	K	O	I	H
Q	U	G	T	N	D	M	W	D	U	F	O	L	B	N	A	P	H	K
I	N	Y	J	Y	L	I	L	Z	L	N	V	R	N	R	O	H	L	O
Q	F	N	A	Q	C	U	V	W	C	H	P	D	I	R	L	Z	E	I
M	F	U	Z	N	Z	G	H	A	H	G	I	D	L	U	D	E	G	B
H	O	O	T	J	K	T	Y	H	V	E	K	O	R	L	P	X	D	Q
D	H	J	E	I	S	E	B	Y	S	R	O	U	X	G	R	W	K	G
E	G	G	A	V	S	Y	R	C	Q	O	Q	Y	U	G	Y	S	P	E
Y	X	H	Q	Q	R	P	U	I	L	X	K	W	T	V	Y	M	P	M

Römer 12:12

SEID
FROEHLICH
IN
HOFFNUNG
GEDULDIG

IN
TRUEBSAL
BEHARRLICH
IM
GEBET

R	Z	O	J	M	E	X	Q	Q	I	X	A	O	Q	O	H	U	X	E
N	Y	L	O	D	O	A	B	H	N	E	D	D	O	N	K	T	Q	R
R	Z	D	S	T	V	O	B	H	K	U	F	L	K	T	Z	H	M	J
E	R	U	F	P	R	J	N	E	A	E	T	X	G	X	T	I	M	Z
D	X	L	Q	X	H	R	A	G	H	I	O	O	U	W	I	Y	N	Q
N	S	L	V	H	C	G	V	J	A	N	J	F	T	Y	T	D	S	Z
A	Y	L	T	G	B	D	N	U	O	R	C	Q	F	W	O	B	E	F
Z	T	Y	D	I	Q	V	K	U	C	V	U	B	A	D	H	R	K	S
W	K	O	J	X	P	R	L	K	W	B	J	M	D	D	T	P	U	K
T	Y	N	V	C	H	Z	I	Q	P	X	N	Q	V	R	X	F	Z	L
F	G	L	C	K	U	C	J	T	V	F	A	Z	A	W	L	F	Q	O
G	Q	O	A	R	T	A	L	E	J	E	W	G	G	S	V	T	L	E
R	L	D	W	F	H	C	W	I	Y	I	T	D	C	R	E	L	L	A
J	R	N	L	M	H	G	H	T	S	G	P	Q	E	H	R	V	F	G
O	M	A	N	Y	Y	F	L	Q	U	T	B	A	K	M	L	K	S	Z
R	U	J	L	G	O	W	T	C	F	M	F	E	K	R	U	L	V	L
J	B	A	K	W	B	G	G	F	H	Y	T	G	G	D	O	T	Q	F
Z	R	L	H	X	W	X	A	V	E	Y	R	F	E	Y	E	C	D	O
Q	N	T	Y	C	C	Y	S	Y	N	Q	E	E	N	D	Z	W	C	S
M	E	I	W	H	J	K	F	F	L	R	N	T	B	A	U	F	T	H
X	D	C	I	Q	I	Q	F	U	G	D	I	W	M	E	S	L	X	M
H	R	X	J	D	F	U	M	U	Z	W	E	K	C	N	I	M	D	Z
Q	B	T	O	H	G	Z	D	U	X	D	N	Z	N	I	N	L	W	I
V	R	X	C	Z	G	C	B	E	N	H	N	C	S	D	T	A	O	D

Epheser 4:2

IN
ALLER
DEMUT
UND
SANFTMUT

IN
GEDULD
ERTRAGT
EINER
DEN

ANDERN
IN
LIEBE

P	B	X	P	C	Y	L	I	Z	N	C	P	P	T	T	E	U	O	B
B	J	J	C	N	L	L	Q	L	P	X	P	I	Z	Z	H	S	C	M
Y	W	M	K	P	F	G	R	O	E	S	S	T	E	L	D	J	V	L
Y	D	R	E	I	B	L	E	I	B	E	N	V	Q	B	A	M	X	V
O	Z	P	C	J	U	F	F	E	K	M	R	T	G	J	R	H	A	Z
T	X	N	F	G	L	A	G	A	R	M	S	E	Z	U	Y	F	D	Q
W	M	Z	D	S	X	C	C	O	B	V	M	K	N	A	C	C	X	G
X	J	Y	R	L	T	R	S	M	U	S	R	D	T	U	I	I	M	A
T	Q	B	S	R	V	O	Q	M	W	P	W	V	X	T	A	I	N	R
X	L	F	J	E	Y	L	P	P	Z	H	M	Z	Y	I	B	R	W	O
E	M	A	B	E	R	H	K	Z	X	Q	T	U	U	P	Y	Q	Y	I
A	N	F	D	Z	H	S	V	X	D	V	E	F	Q	H	W	I	S	J
W	O	I	E	G	O	C	M	I	I	Y	U	I	X	G	H	Z	C	T
W	X	I	E	J	W	Q	A	N	U	N	U	I	J	N	T	K	L	H
Z	Z	V	A	J	L	P	U	M	X	W	X	L	I	U	D	N	X	I
W	O	R	K	M	I	F	V	W	M	X	Q	C	V	N	B	L	D	L
A	E	M	Z	Q	E	I	L	S	W	R	V	X	K	F	M	I	R	N
K	M	W	U	N	B	N	Y	Z	W	G	W	S	H	F	I	F	U	R
N	R	E	B	A	E	X	M	D	Z	G	Z	N	X	O	G	B	N	R
I	R	H	O	N	R	Q	M	A	K	S	N	N	N	H	C	E	T	V
T	J	S	H	M	P	K	H	E	S	E	I	D	Z	R	C	C	E	I
U	N	I	T	S	B	S	X	C	M	D	D	K	P	T	F	T	R	W
S	L	S	L	B	Q	E	I	D	E	A	I	G	L	A	U	B	E	I
R	I	B	L	N	O	E	K	W	B	F	P	E	F	H	A	F	D	C

1 Korinther 13:13

NUN
ABER
BLEIBEN
GLAUBE
HOFFNUNG
LIEBE
DIESE
DREI
ABER
DIE
LIEBE
IST
DIE
GROESSTE
UNTER
IHNEN

Q	Z	V	M	K	J	C	W	C	Z	P	A	T	V	B	D	H	M	O
M	J	H	O	C	N	D	Z	K	R	G	S	F	C	M	P	A	L	C
D	Q	R	T	J	T	E	O	Z	G	Z	L	Y	G	T	T	W	D	U
U	E	H	L	E	W	G	Q	D	I	N	G	E	D	F	N	V	V	M
E	X	T	T	S	D	J	E	O	L	Y	Z	H	H	L	Q	K	Z	N
D	W	M	H	U	L	X	M	L	J	M	W	M	D	U	Q	N	U	O
N	C	U	S	S	U	X	X	H	O	H	H	Q	G	V	R	R	N	H
W	H	M	Z	W	G	N	P	E	A	O	C	G	S	V	E	W	I	D
I	X	C	S	O	S	A	G	S	T	W	C	M	Q	T	D	X	Y	W
A	X	B	D	A	G	L	H	Y	R	O	W	L	A	I	T	S	B	S
C	F	R	U	C	I	N	N	O	P	X	Q	Z	O	Z	P	L	F	U
K	M	L	L	C	I	N	K	R	Y	U	D	A	C	R	M	E	D	F
R	U	S	H	K	E	W	Z	O	L	M	D	F	A	R	D	N	I	S
K	J	D	N	W	N	L	D	G	B	S	I	C	I	C	S	S	N	C
Y	F	C	T	U	H	Y	F	G	D	E	H	Z	H	V	A	F	Y	P
T	Y	O	D	T	F	F	Q	J	F	N	X	P	G	E	V	T	Q	H
I	S	I	A	K	S	P	M	K	X	J	I	T	Q	L	J	N	I	B
A	B	L	P	G	Y	N	J	H	Z	K	A	P	T	E	M	Q	R	V
A	U	W	Z	I	D	Q	N	L	I	T	E	F	B	L	F	K	U	H
C	O	A	K	P	X	N	G	A	I	V	W	K	U	L	P	R	X	V
Q	G	Q	D	Y	Q	D	E	O	K	M	P	T	A	A	E	D	I	R
T	C	S	C	P	M	N	R	S	R	J	B	P	L	R	B	J	E	K
L	K	M	I	L	B	K	W	H	J	F	D	S	G	J	O	B	H	F
O	K	E	Z	I	M	D	U	F	D	B	N	P	O	Y	A	B	N	V

12

Markus 9:23

JESUS
ABER
SPRACH
ZU
IHM

DU
SAGST

WENN
DU
KANNST

ALLE
DINGE
SIND
MOEGLICH

DEM
DER
DA
GLAUBT

M P T Q F H O G F Y T R P L S R R N K
R M G S D G E V E V J G Q R L D Z R E
H W E X I P E R C C G X C Z S Q E Q I
K S W X C R R M Z E C A H L S D E T R
L A S Y G D L U S L N Z N E N V L A L
N W A E X Q I K W R I U I A Q M C H M
G L B M V C F W I W A C N H I T E H H
H E H T H D B X G B V I H B F S J A L
N U R T S R E N I E E E Y N Z N R S S
X L X V Y H Z V D R Z J W I E A Z X J
L Q A M O I Z N E G H U D M V N Y U X
Z A G E H R Z T O I Y C I E J P T I J
A U N D F S N T M X P D R G P N Y Q S
C J C N W U T A V S T G P A Y V Z Y A
C S E I D G J R N H E D X G O E A C Z
Z L Y V K D E M C B E F I I P U A U P
K Z A M R B D U T Z G W Z Z S C X C G
A E E N A A A N C S U T S I R H C U G
M K K W H U P A E Y S U I D L I X M H
Y V E U T J N X A L V N K K B O Y H S
E C A D M D Y Q J S A D Y C U K X C W
W N K H E J V V B Q A I J X Q H K W X
N M O R O G D A N A H M A G U Z X W V
B K N B T E D F R E U N D L I C H H U

13

Epheser 4:32

SEID
ABER
UNTEREINANDER
FREUNDLICH
UND
HERZLICH
UND
VERGEBT
EINER
DEM
ANDERN
WIE
AUCH
GOTT
EUCH
VERGEBEN
HAT
IN
CHRISTUS

O	L	X	L	K	X	E	B	D	K	T	W	O	T	R	B	C	S	O
K	I	T	F	L	E	H	E	M	O	O	O	I	E	C	K	H	I	M
S	B	C	E	R	R	R	B	T	E	E	E	D	I	W	Q	X	K	C
Q	U	B	R	T	Q	U	B	K	G	K	U	U	D	Q	W	K	C	W
O	E	E	J	U	P	N	N	I	G	A	L	C	N	C	L	O	T	B
N	N	F	O	Z	W	D	M	I	R	E	J	O	K	M	H	O	N	Y
O	F	H	U	L	J	O	T	A	W	S	R	H	L	Q	V	S	T	W
Z	N	I	G	Q	A	H	X	Q	F	F	G	H	C	D	W	E	S	L
C	Q	W	O	N	C	T	O	I	Z	X	E	U	E	A	F	Z	L	Q
A	Z	M	Q	E	Z	R	Z	D	T	L	R	F	N	C	N	B	O	I
A	M	S	R	P	U	M	Y	P	C	N	E	P	N	D	Z	Y	E	S
E	W	E	V	V	D	H	P	J	Y	E	C	T	I	I	W	Q	B	W
O	G	Q	O	P	R	T	O	O	Z	G	H	F	E	S	Y	E	O	X
G	J	M	N	A	P	E	T	L	A	D	T	N	S	D	T	V	O	T
X	Z	O	K	B	S	N	A	P	U	F	I	V	G	E	N	S	I	D
Q	U	G	G	M	F	F	R	K	M	J	G	P	U	H	I	I	S	L
B	E	R	H	W	B	E	G	P	P	Y	K	G	I	D	X	G	F	V
V	F	I	V	H	W	H	T	K	W	K	E	Z	P	D	H	Y	J	P
R	Y	C	E	D	R	U	L	D	V	S	I	S	F	V	I	S	E	Z
M	T	M	R	Q	M	Y	W	Q	D	Y	T	C	J	I	V	L	S	C
N	N	M	S	C	J	F	I	E	C	C	Q	H	Z	Y	J	U	W	N
O	Z	C	F	X	A	L	R	X	D	E	P	U	Z	Q	W	A	K	H
S	X	M	S	A	N	S	K	W	J	U	A	S	L	S	F	E	Z	R
R	K	B	Z	Q	H	N	H	U	U	C	I	O	X	Z	N	K	Q	D

Sprüche 21:21

WER
DER
GERECHTIGKEIT
UND
GUETE
NACHJAGT

DER
FINDET
LEBEN
GERECHTIGKEIT
UND
EHRE

D Z O R E R A B S S A F N U U X A Q T
S H N K P N B T K A P M J G J T I H F
I C F E C E N O V L O I R S S F K G E
D I A S N W I F D N A O V B Y U E P E
U M L N R E C N K R S W G L N B D H H
R M L Q T U D F P S M W E D L M O I U
S P I K O W F N E H T L T A F J D S R
P B W X P B O E S V Z U B J E X L E X
S N N V X W M R V R N D T K C E G D A
F E E P J Q H T T V D B A G L N K Y N
N S M O J U T X U E E H A V I V M E H
U D G V S X B W Z Q N P G D D G U Z D
Q A M F O D D Z T C H T P F B E T X Z
G Q D N U U E B R R B S M M W J X R S
Z W M T L I H C I N O N Z O D G E K A
W E O K P U W Q F D M C C W W G N A F
Q C B E X P E I C T C S R S H T W B O
P W O C Q A I A D L L J C N R Q S Y Y
X I Y V E W S C V L O Y Z D C T Y D O
D H H I G F S Z I C Q Q H G H W W N A
H E F R E T T W V A T W F C F U M U O
T P E I O Z Y C Q M L Y I P Z U F L X
A Y T D F B I B E J Y N J W D B F F N
R W Q G X M O F U L L X N Q L R I D H

15

Jeremia 33:3

RUFE
MICH
AN
SO
WILL
ICH
DIR

ANTWORTEN
UND
WILL
DIR
KUNDTUN
GROSSE
UND

UNFASSBARE
DINGE
VON
DENEN
DU
NICHTS
WEISST

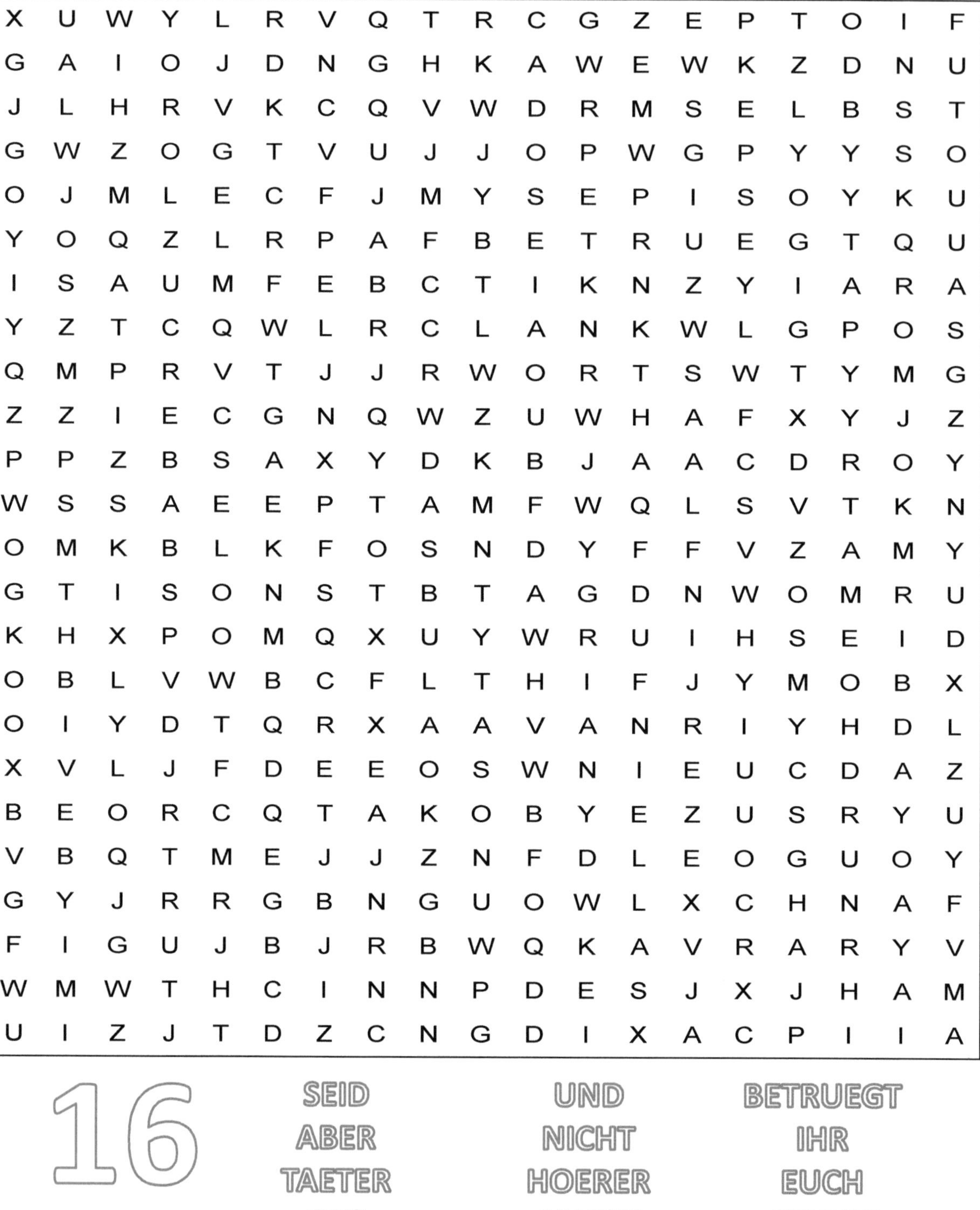

16

Jakobus 1:22

SEID
ABER
TAETER
DES
WORTS

UND
NICHT
HOERER
ALLEIN
SONST

BETRUEGT
IHR
EUCH
SELBST

J E U F O O S U Z O H I K D E K T I C
H L C S T X V K D B N C Y E B S G N K
P K O G T Z W R W G Q D F W A W J C C
R L V J U H I T E A M R Z H Q T K J W
C Q J O X W R M P N O K R L P M M C E
O O B C N S U E E W O W H K A Y O E G
U G C F R W K P E A C Q I N Z E R H Y
N S D M A U C H W E B Y N F U L S S F
K J Z V A N S E Z A T Z U K N F K S D
A A L T Y D R S A N H C R N D A S Z T
U T B D W P Q C Y G C J F F D D J O O
C Q Q L Y E J R F I I O N P K U V F K
G A A O W I Y R N E N I E S W M J Q H
F B O C D V G Q H L L N E C T Y X O A
R N E N I E D E V A F J A G K N N Z N
X N S I T W E A W D G G U F O I V I L
M F N Q E T J J V O N C J R F L P A R
V J E J B V A T G O E Y N K E K X V E
Q O B E H E V L G S N H Z Z J C Y H L
Z F A T P W P P T S W P N A K J L M I
R W N O N D K E S P Q M G E Q C N S R
H L K J J N E E Z U O W L F Y N B I F
K K S L T D E N M F P P C B A F S L G
J A O S L C K W C Y E F K P X J Q U U

17

Sprüche 22:6

GEWOEHNE
EINEN
KNABEN
AN
SEINEN
WEG

SO
LAESST
ER
AUCH
NICHT
DAVON

WENN
ER
ALT
WIRD

Matthäus 6:14

IHRE

EUER

B	D	R	K	B	L	X	O	A	U	M	H	G	C	F	R	Q	L	I
Q	I	D	I	E	P	Y	T	N	A	T	Y	B	S	R	K	S	F	B
X	E	V	R	L	M	W	B	V	V	M	V	R	Z	U	B	Q	R	Q
D	S	T	D	C	W	A	C	X	U	M	T	Y	P	C	K	S	I	G
O	S	P	G	X	Z	R	S	E	W	S	N	C	E	H	Z	G	E	R
I	K	O	L	S	S	R	G	S	I	N	E	I	E	T	Z	I	D	D
F	Z	B	R	N	A	P	E	E	O	N	F	D	W	N	S	T	E	P
C	R	F	N	W	N	J	G	R	W	I	K	D	R	T	X	G	G	L
E	M	A	W	N	F	L	E	N	N	E	Y	L	E	E	N	C	B	R
A	B	S	B	C	T	A	N	B	I	V	R	S	T	R	W	D	D	C
N	K	E	Q	D	M	N	Q	N	A	S	M	R	F	E	W	J	H	Q
E	C	Q	I	X	U	Z	N	O	A	B	W	V	R	B	G	Y	C	O
D	Q	Y	M	L	T	F	D	A	L	L	T	I	E	Z	E	I	R	U
U	D	T	T	B	R	E	B	W	M	P	I	T	U	P	D	X	F	Y
E	D	W	X	C	E	D	W	R	O	R	E	N	N	F	U	P	K	W
R	E	L	B	A	B	E	R	H	S	K	H	R	D	Y	L	N	U	I
F	S	U	T	O	P	D	S	S	Q	P	H	X	L	O	D	E	W	H
Z	N	L	C	A	Z	U	B	T	E	S	C	T	I	O	L	T	N	B
Q	M	L	P	T	R	Y	S	E	F	G	S	C	C	G	O	F	A	X
I	H	I	E	T	M	Q	L	H	T	X	U	P	H	G	Y	F	I	P
H	V	S	S	J	I	D	H	T	R	M	E	Z	K	Z	N	B	C	T
J	E	G	U	E	T	E	O	W	E	P	K	P	E	R	N	W	K	S
G	U	T	S	Z	P	Y	Y	X	U	D	T	W	I	P	O	X	Q	X
S	D	J	Z	A	J	P	I	R	E	R	F	F	T	L	P	N	R	D

Galater 5:22-23

DIE
FRUCHT
ABER
DES
GEISTES
IST
LIEBE

FREUDE
FRIEDE
GEDULD
FREUNDLICHKEIT
GUETE
TREUE
SANFTMUT

KEUSCHHEIT
GEGEN
ALL
DIES
STEHT
KEIN
GESETZ

G X A M E X P H Y Y A X B U O J E B J
L J V Z W M P N M O V M N Z H N E H Q
H F N M D Q W P Z E X E X F S S E M K
A F R O J Z K Y U E N B J E T N I L R
F E E Q Z Q E C X I Z T L W L T W Y S
M M D M W R H J U Q R X R K M Q Z B S
R J N A I G T U R O V H P F J G R V Z
X E A Y Q A N G E I I Z U T R K Y A R
V R J F I D F S S L D N H E R R U R R
E D Z D C T T E Z Y T Y P E P M C U A
Q V M H R E D M C E C A M G E Y L E O
N F T U T M R P R B S B X S B L H S P
P O R K R K O E U M I S K V U S G J V
A U E H J A I T L F C J R Q Q O X N O
S A N K J N D S N A A B Y U M Q H W U
N V I Z A M A O O J C J K T R B L D F
W Q E N B G U E O B L U F H L P K O G
Z C D B U V D Y S O K G O Y P Z M W Y
P E D H D Q E X P N D W B I Y E M W L
R G I I I H Z V E W M O S M T R A B V
J R E Y F L Z O V H M B V T D B D G N
X J X A Z B F C Y U O Q P U Z A U D A
X E K N D J O A H N G W P T S U D E Q
R P Q N I A U C H T V B E D R E V N T

1 Thessalonicher 5:11

DARUM
TROESTET
EUCH
UNTEREINANDER
UND

EINER
ERBAUE
DEN
ANDERN
WIE

IHR
AUCH
TUT

Z	F	X	H	W	E	L	T	L	R	U	R	E	H	E	O	H	X	A
O	E	V	K	N	V	Q	H	N	D	E	M	U	T	A	D	I	N	A
U	H	U	X	O	K	R	C	Z	Q	D	M	Q	X	A	E	T	N	T
P	J	Q	G	T	J	D	I	L	K	U	H	V	W	M	U	D	S	S
X	E	U	H	T	X	L	S	H	R	W	Q	E	R	U	E	J	O	B
W	I	R	S	J	V	H	H	L	C	D	T	V	O	R	I	Z	N	L
J	T	Q	U	V	P	T	V	K	I	M	E	V	N	F	Q	M	D	E
S	L	B	T	B	G	L	N	P	W	B	F	S	N	E	L	G	E	S
L	E	U	P	J	L	A	J	Q	D	W	P	Z	D	E	O	L	R	I
Z	R	S	P	X	U	Z	T	U	N	N	E	G	I	E	L	A	N	E
E	L	C	P	E	G	R	J	O	W	B	Z	Q	D	N	L	L	Y	C
H	R	Z	N	R	Q	Q	A	N	J	G	N	J	V	A	A	Z	I	A
Z	H	X	Z	E	J	A	X	G	T	S	D	C	I	R	V	O	E	W
D	S	N	S	H	Y	M	Z	Z	J	S	I	B	E	N	G	E	V	Q
Z	H	V	D	R	L	A	X	Z	N	A	M	N	E	C	C	T	K	Y
U	C	H	S	E	B	V	E	C	L	T	I	D	V	I	A	D	T	B
T	G	Y	J	Z	G	D	B	S	Q	E	U	D	J	C	L	P	S	B
H	Q	H	W	F	R	J	C	G	U	J	N	T	H	K	V	F	L	Q
R	F	S	T	C	N	A	U	S	H	I	N	T	T	M	C	E	V	M
T	L	V	T	M	C	I	S	Y	V	F	E	W	I	J	H	A	O	J
Q	Y	L	Q	O	E	D	C	G	X	H	V	I	Q	P	N	X	K	S
Z	N	R	Y	Z	U	F	N	H	K	C	K	Q	N	K	R	X	I	C
I	X	K	D	S	A	X	C	M	T	T	W	X	M	H	A	Y	E	L
W	V	O	Z	W	C	M	T	Y	I	S	W	Q	U	O	D	E	R	X

21

Philipper 2:3

TUT
NICHTS
AUS
EIGENNUTZ
ODER
UM
EITLER

EHRE
WILLEN
SONDERN
IN
DEMUT
ACHTE
EINER

DEN
ANDERN
HOEHER
ALS
SICH
SELBST

V	U	I	Z	I	L	L	I	A	L	E	G	W	Y	B	B	Y	L	P
S	P	V	S	U	B	Z	Q	V	S	V	A	G	B	U	Q	Z	H	Q
E	P	S	P	P	Q	F	W	Z	J	S	O	V	B	V	P	I	K	Z
B	B	T	I	C	W	L	Z	C	S	K	F	S	U	M	L	S	U	E
L	X	Z	E	B	I	O	U	E	N	R	S	I	C	H	P	C	Z	R
Z	L	W	G	F	E	P	R	O	D	B	H	U	I	V	K	X	I	W
X	H	M	E	J	N	E	T	G	W	U	D	O	B	F	Z	O	S	A
O	L	W	L	H	F	A	N	V	J	M	S	O	U	B	Q	T	I	X
R	P	M	T	L	O	L	P	U	L	Q	T	Y	Z	Y	B	R	A	U
B	X	S	U	Y	A	T	Z	L	Z	M	R	D	S	S	R	B	J	N
A	G	V	M	W	J	S	B	J	J	M	S	F	H	A	E	H	V	Z
S	O	U	D	G	S	D	U	I	G	N	P	X	G	X	R	N	G	U
T	W	I	K	Q	C	A	R	H	H	W	X	Z	F	T	X	I	H	Q
H	T	M	A	R	I	T	D	O	N	I	Q	J	Z	U	O	C	X	R
C	Z	T	B	G	W	M	G	M	N	I	E	C	F	G	R	S	Q	R
I	T	Z	F	H	K	I	H	K	G	E	E	D	R	I	J	W	Q	E
S	W	W	B	E	E	O	M	U	Q	T	G	U	R	H	X	D	Z	P
E	K	Q	V	L	H	R	M	E	N	S	C	H	B	B	T	Y	E	S
G	B	Y	L	S	K	C	Z	F	Y	I	T	C	B	N	Q	X	C	U
N	B	K	A	F	I	O	Y	E	K	E	G	S	F	U	A	X	D	J
A	M	W	Y	N	H	K	W	H	N	S	R	A	K	Z	N	I	E	U
C	Z	P	S	E	D	W	K	X	U	N	J	T	F	Q	M	X	U	C
G	I	W	B	D	X	S	A	Q	X	H	D	M	G	M	U	A	S	R
A	N	D	E	R	N	Y	S	M	B	P	K	M	L	S	J	H	C	E

Sprüche 27:19

WIE
SICH
IM
WASSER
DAS

ANGESICHT
SPIEGELT
SO
EIN
MENSCH

IM
HERZEN
DES
ANDERN

X	V	W	E	H	M	L	E	R	A	T	C	E	P	T	I	N	B	P
I	J	D	E	I	H	T	B	V	P	Z	X	Z	K	C	Y	J	K	J
I	T	R	Z	C	E	E	I	R	P	F	C	A	R	F	W	I	E	J
T	R	Z	D	T	L	I	T	D	T	P	W	Q	U	E	H	U	N	K
Q	U	O	Z	Y	F	X	T	N	R	I	D	B	I	W	D	V	C	M
D	E	J	Z	K	E	H	H	A	K	A	M	Q	M	K	F	J	V	H
M	R	Q	L	M	K	Z	A	H	B	P	H	T	L	K	A	L	Z	K
Q	U	V	P	J	V	T	N	Q	Z	U	W	F	X	L	Z	H	N	G
I	G	X	Y	C	T	G	L	D	M	G	O	L	Q	U	E	L	N	O
H	V	D	F	T	I	O	S	U	U	D	T	R	R	V	A	T	E	T
C	B	M	Z	U	I	I	N	N	Z	U	E	T	H	C	E	R	D	T
I	M	E	Q	N	X	D	L	D	G	I	P	F	U	R	S	N	H	U
U	G	H	V	D	E	A	Q	N	F	A	T	R	J	Z	T	C	G	V
W	S	A	P	E	S	S	R	V	P	V	J	J	H	M	I	M	Z	E
C	T	Q	T	R	M	Q	L	A	E	S	U	Z	B	R	X	S	D	N
I	K	J	D	V	Q	I	F	T	N	B	D	E	P	X	L	Q	I	A
D	P	W	I	D	Q	P	H	W	T	S	W	S	U	E	U	P	R	Q
G	N	R	C	X	D	C	D	H	P	P	U	T	G	L	S	H	Y	U
V	D	T	H	I	R	E	C	E	E	I	J	N	J	V	U	Q	C	M
I	N	P	A	E	W	I	P	E	I	M	Q	T	L	S	V	Q	E	I
L	E	U	U	J	N	R	A	W	N	N	M	W	S	K	J	N	F	W
G	C	F	O	R	H	L	B	E	Z	I	E	U	D	S	I	O	B	K
Z	L	J	H	B	W	J	G	S	E	B	B	O	P	E	A	Y	O	K
Y	S	F	Q	G	R	I	N	A	L	E	H	U	D	P	C	F	H	R

Jesaja 41:13

DENN
ICH
BIN
DER
HERR
DEIN
GOTT
DER
DEINE
RECHTE
HAND
FASST
UND
ZU
DIR
SPRICHT
FUERCHTE
DICH
NICHT
ICH
HELFE
DIR

E	U	C	J	G	L	X	F	H	A	Y	F	Y	S	F	W	J	V	X
E	O	V	L	G	I	M	T	B	Y	B	T	A	Q	I	B	N	H	B
P	G	N	G	L	L	D	V	D	C	V	E	K	P	V	A	M	T	D
V	X	R	F	G	O	A	L	I	C	W	Q	R	F	Y	B	W	R	W
W	Z	D	Y	K	L	Q	K	U	Q	D	A	F	W	E	I	S	E	A
S	X	P	V	W	Y	U	A	I	D	X	U	E	F	H	U	L	U	H
N	M	I	H	T	N	M	H	N	U	E	R	U	F	W	R	I	X	V
K	S	K	Z	O	J	G	U	A	Z	B	G	H	B	D	M	E	S	T
T	F	G	V	R	K	Z	P	W	I	S	T	N	E	U	I	C	W	T
H	T	D	M	H	P	X	I	I	X	S	D	V	U	W	H	G	Q	S
Z	R	Q	N	E	E	W	U	B	K	E	L	E	O	N	V	L	R	F
A	A	P	N	I	P	K	K	C	R	Y	W	V	G	E	T	T	P	S
X	B	O	G	T	Z	G	Y	H	I	Q	O	O	N	N	V	U	I	K
X	N	I	S	I	E	E	B	X	U	K	X	I	B	U	M	J	S	Y
B	E	J	D	S	G	F	G	Z	G	T	E	B	X	K	S	P	O	W
E	F	P	G	Q	P	E	C	K	V	S	G	V	S	X	F	U	O	E
G	F	A	F	N	D	F	X	G	B	C	Q	R	C	N	P	G	K	T
W	O	L	W	U	O	Q	J	E	M	F	Q	W	R	L	H	F	D	D
P	Q	A	L	C	W	B	L	D	Y	A	Y	L	Z	A	P	R	B	U
Y	K	D	E	S	A	Y	J	L	R	Q	R	N	L	R	Z	X	E	T
M	I	I	V	F	P	Y	U	X	D	Z	K	G	E	W	Z	W	P	C
G	J	H	G	S	D	J	D	C	D	H	K	P	O	N	R	Q	M	L
R	E	K	Z	X	Z	T	C	B	Y	G	Z	F	G	I	H	E	D	X
H	F	M	U	B	M	Y	I	B	I	L	O	T	Z	S	D	E	W	K

Sprüche 14:29

WER
GEDULDIG
IST
DER
IST

WEISE
WER
ABER
UNGEDULDIG
IST

OFFENBART
SEINE
TORHEIT

P	I	Y	Y	G	S	D	E	O	H	G	D	W	B	J	H	L	E	O
V	G	I	Y	I	D	T	Z	W	A	U	H	K	L	N	H	J	B	K
O	J	V	F	P	P	Z	B	J	E	H	G	O	T	T	B	C	E	R
G	N	H	A	T	U	Y	N	C	Y	R	D	N	U	V	J	N	M	A
A	Q	W	L	N	G	H	O	V	Q	C	A	T	V	S	F	C	Y	F
S	K	T	S	G	R	D	V	X	G	C	V	P	P	U	R	S	N	T
V	Q	I	I	A	E	H	Z	C	E	Y	Y	Y	R	E	N	A	L	S
H	S	S	S	E	D	L	I	R	Y	W	D	C	D	C	C	P	E	F
R	M	X	G	Y	H	C	L	R	T	Z	H	F	Z	Q	I	X	U	N
D	E	N	N	V	F	N	T	R	H	T	O	C	O	B	H	O	N	F
D	M	P	Z	B	J	V	E	W	C	U	V	K	S	L	G	Z	Z	A
K	F	I	F	R	N	W	M	N	I	E	G	K	L	I	S	R	M	Z
D	W	U	E	W	T	F	M	Z	N	B	Q	F	B	O	Z	Y	I	E
P	L	D	B	X	I	U	W	H	Y	O	L	E	G	G	U	E	N	W
J	P	O	Q	R	E	D	H	B	K	Q	S	R	S	N	E	B	L	M
D	K	H	Q	C	G	H	D	I	T	K	L	E	I	P	T	E	U	R
D	L	Q	S	N	M	N	C	D	L	O	A	P	B	M	S	I	N	P
T	Q	S	G	X	H	D	M	F	Q	Q	S	G	Q	X	Q	L	I	C
T	G	R	S	I	W	B	T	C	C	S	E	Y	G	S	Z	G	S	C
X	N	R	E	D	N	O	S	J	E	I	N	E	B	E	G	E	G	L
U	E	N	W	F	Y	H	D	F	S	U	J	L	A	K	J	D	E	N
N	H	E	T	I	A	O	G	T	K	N	P	K	D	V	V	Y	U	P
N	I	G	E	S	Y	R	I	Y	S	H	T	X	Q	N	U	U	U	S
W	B	R	G	H	G	D	O	Z	N	L	L	O	A	C	U	G	H	M

2 Timotheus 1:7

DENN
GOTT
HAT
UNS
NICHT
GEGEBEN
DEN
GEIST
DER
FURCHT
SONDERN
DER
KRAFT
UND
DER
LIEBE
UND
DER
BESONNENHEIT

Q	C	D	I	T	I	N	E	L	F	T	G	J	Y	A	Y	V	W	P
R	R	H	V	R	G	A	T	O	E	L	B	H	V	W	T	C	Q	I
W	G	O	J	Z	Y	U	I	K	F	R	V	Z	D	H	C	T	Z	R
O	Z	U	T	N	V	W	J	Q	R	Z	K	R	C	E	D	B	X	Y
C	Y	E	V	Z	I	C	Q	E	A	K	P	I	R	U	F	M	E	F
X	T	F	Q	X	V	N	N	E	W	F	N	N	S	N	N	R	I	W
D	B	S	D	X	R	F	I	Z	H	J	T	X	Y	E	A	D	G	Y
I	B	K	S	F	X	U	U	Y	E	E	I	R	Y	S	Z	Q	T	T
F	T	Q	E	A	Z	Y	U	U	N	D	I	W	A	S	I	U	E	M
S	L	V	Z	E	L	N	S	K	Q	S	E	O	P	A	N	Y	M	Q
Y	J	T	I	L	A	E	E	V	B	P	D	U	P	L	K	J	R	R
G	Z	T	J	R	C	Z	S	J	Y	Y	U	H	M	H	R	V	M	T
S	C	R	Y	V	Z	F	W	T	K	A	G	O	P	C	R	R	M	X
J	F	D	V	I	L	F	X	C	B	G	I	L	P	A	O	A	N	A
N	C	G	Y	X	Y	B	C	P	S	N	U	Q	E	N	B	F	Y	W
M	L	I	M	J	W	E	R	D	E	N	N	E	Z	E	R	D	N	H
B	W	H	M	J	F	T	N	X	D	S	A	Q	R	L	F	N	J	Z
I	N	P	U	P	C	Q	A	A	U	C	H	L	R	P	E	W	U	R
F	E	M	I	H	P	E	K	G	G	E	G	S	E	D	N	L	K	O
L	D	X	K	D	G	Z	A	W	X	U	T	N	N	Q	C	O	O	F
Z	R	P	D	M	R	Z	A	E	T	Q	U	I	I	D	C	P	J	U
T	E	C	G	M	O	I	H	E	F	A	F	C	E	T	K	N	V	L
G	W	M	J	F	L	N	S	R	W	I	R	H	S	J	U	S	L	L
Q	M	V	K	T	U	K	K	L	I	D	B	T	U	N	X	N	T	W

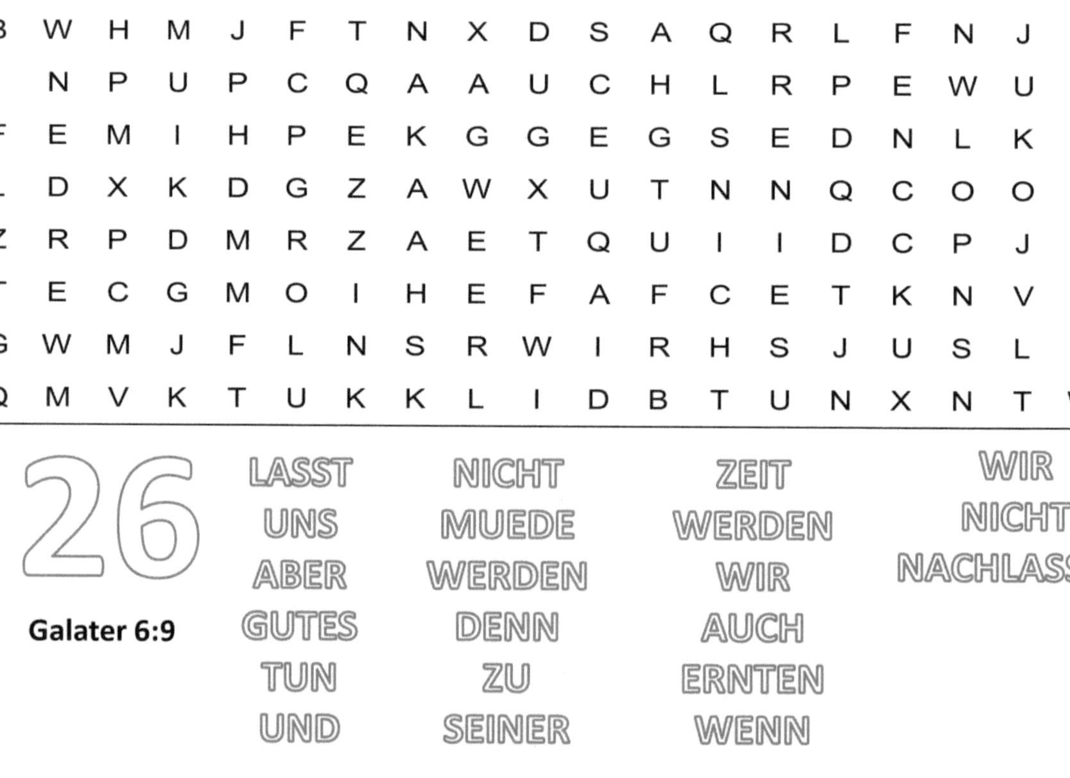

26

Galater 6:9

LASST
UNS
ABER
GUTES
TUN
UND
NICHT
MUEDE
WERDEN
DENN
ZU
SEINER
ZEIT
WERDEN
WIR
AUCH
ERNTEN
WENN
WIR
NICHT
NACHLASSEN

M	Q	Q	M	P	R	S	V	T	P	E	U	P	M	A	M	F	Q	E
K	Q	X	R	D	L	D	X	I	Q	Y	M	B	U	C	A	U	J	T
R	W	H	Z	D	V	O	Z	G	T	K	B	L	I	V	I	P	Q	E
A	E	U	N	G	J	F	N	Q	X	T	U	R	A	L	G	G	O	U
D	B	R	P	I	N	W	J	R	Z	K	W	I	L	G	K	Y	V	H
E	L	K	I	Q	E	C	H	S	O	O	K	T	G	W	A	J	X	E
T	X	U	R	T	M	D	I	X	Y	Q	V	X	R	S	R	L	A	B
H	B	T	B	S	M	D	B	G	C	M	G	Z	A	N	O	T	R	C
U	P	N	X	R	B	W	J	M	M	H	L	Y	O	K	C	M	J	D
V	H	N	Z	J	R	G	J	L	N	K	W	K	P	V	L	Z	L	M
S	Y	F	O	A	W	Q	W	L	D	E	N	N	H	F	E	V	L	R
T	S	W	W	Y	F	L	E	I	S	S	A	Z	J	Q	N	B	F	L
I	D	D	N	U	G	V	I	O	D	H	P	F	X	K	I	Q	O	Y
E	T	C	X	Q	A	V	W	S	F	B	M	D	A	S	A	N	K	E
A	E	E	S	I	Y	Q	Z	P	O	P	U	L	H	M	D	L	R	E
M	N	F	F	C	D	U	T	D	Y	H	P	E	B	S	R	K	D	N
A	I	D	D	J	A	D	K	X	P	V	Y	B	W	S	Y	E	O	I
T	A	T	H	F	R	N	H	R	H	Z	L	E	E	W	P	A	N	F
Z	F	L	A	J	A	G	K	I	J	Z	W	N	L	Q	R	M	G	G
T	R	N	L	I	U	K	C	Q	X	L	A	A	Z	E	P	X	R	J
Y	R	E	W	E	S	Z	K	S	Q	W	R	Y	B	W	A	Y	V	D
B	E	M	H	H	M	C	B	I	G	D	Y	X	L	Z	F	V	P	H
D	D	V	N	A	S	X	D	T	S	K	A	X	M	Y	F	P	Y	I
V	I	X	H	H	B	L	A	G	W	H	T	E	P	X	Y	U	P	P

Sprüche 4:23

BEHUETE
DEIN
HERZ
MIT
ALLEM
FLEISS
DENN
DARAUS
QUILLT
DAS
LEBEN

Q	J	U	K	N	V	I	Y	L	U	S	S	B	L	D	V	Z	C	E
M	Z	A	M	R	J	O	W	P	Z	G	J	R	B	W	E	M	E	W
E	D	G	I	S	T	C	D	D	J	B	W	E	Z	N	E	Y	F	R
N	F	Y	L	C	K	F	W	N	D	U	O	Q	Y	I	A	A	W	B
I	L	E	U	C	H	T	E	U	J	A	T	C	N	U	A	W	O	Y
E	C	L	U	G	F	U	S	S	E	S	J	E	H	H	H	Y	C	E
M	L	E	S	A	Y	S	E	Y	W	T	S	H	A	Q	V	J	N	W
A	S	B	W	N	U	C	M	J	M	P	Q	M	L	F	W	R	V	I
N	M	X	P	Q	S	F	Z	J	V	Y	N	D	J	S	D	N	M	I
E	N	J	O	N	B	S	X	K	O	G	R	C	U	D	E	F	I	B
A	K	V	N	V	M	A	M	T	Q	K	T	F	O	T	U	G	I	Z
X	C	Y	E	W	U	B	R	I	O	X	Z	R	K	J	L	M	E	B
A	D	L	J	V	W	F	C	W	E	O	U	L	N	Y	Y	A	P	W
T	F	I	N	O	V	J	L	T	R	O	W	S	P	D	T	K	S	E
C	I	B	Y	C	I	C	D	B	A	A	W	D	F	S	P	S	Y	M
C	H	U	Z	K	H	S	A	R	N	B	J	I	Q	C	A	A	N	I
L	A	G	L	R	J	T	R	B	S	A	O	D	P	E	U	X	J	T
V	L	I	C	H	T	V	J	O	P	V	Z	G	R	O	B	E	M	N
W	E	P	E	B	A	U	P	G	P	F	N	V	U	M	I	A	N	T
D	I	N	F	S	M	B	B	T	O	D	S	D	V	N	J	T	F	K
R	J	F	M	D	M	O	P	W	P	Z	C	I	J	Z	L	F	M	L
D	E	I	N	J	B	I	D	Y	H	P	F	I	R	O	T	K	K	N
V	A	S	J	D	W	K	E	M	S	T	S	U	L	L	I	I	B	B
Z	D	H	Y	G	T	D	W	X	L	Q	Y	U	M	N	O	T	Z	I

Psalm 119:105

DEIN
WORT
IST
MEINES

FUSSES
LEUCHTE
UND
EIN

LICHT
AUF
MEINEM
WEGE

S	V	U	N	D	T	X	S	S	H	E	W	Y	S	H	L	N	A	J
E	B	M	C	W	E	R	T	R	E	E	I	Z	B	A	X	H	O	F
S	E	D	Y	F	A	M	G	K	Y	B	R	L	J	J	B	H	Z	U
A	X	S	U	F	T	R	A	G	M	S	T	R	I	K	A	T	J	N
L	P	M	E	Z	H	Q	Z	X	E	A	B	R	N	J	H	G	Z	M
L	D	R	Z	I	V	I	R	T	H	T	L	Q	I	S	U	O	J	S
E	X	R	W	Z	D	D	E	P	A	G	R	F	Q	N	X	T	H	N
G	H	F	Y	R	J	R	V	B	R	A	W	O	R	P	M	O	I	U
Z	C	U	N	U	L	F	N	U	R	E	G	E	S	C	H	G	O	Y
I	I	G	Q	U	M	L	U	V	E	M	I	D	W	T	V	M	K	U
F	W	Y	W	K	E	H	M	Z	T	P	E	D	R	Z	R	R	S	W
N	G	S	P	Z	K	L	S	U	H	A	D	C	D	I	A	B	I	W

SEID UNVERZAGT IHR HARRET
GETROST ALLE DES
UND DIE HERRN

Psalm 31:25

Lösung 1

E	I	N	E	M	S	G	K	E	M	I	I	G	Z	C	W	P	Y	S
P	C	R	W	N	L	O	I	P	M	Z	Y	J	T	U	O	Y	D	U
Q	Y	V	I	A	W	F	U	A	B	U	K	C	Y	K	B	C	Q	A
U	D	Q	U	T	F	R	N	J	N	V	S	G	Z	B	S	V	S	O
N	X	B	M	H	U	R	X	E	B	E	L	X	R	Z	V	F	K	W
Z	E	E	O	D	R	M	K	W	W	R	D	H	O	Z	H	S	B	X
J	O	K	P	C	O	Y	E	F	N	S	Y	O	K	E	U	I	G	H
X	W	B	O	B	V	Z	K	D	L	I	V	F	Y	E	Y	E	L	U
D	A	Q	H	Q	P	X	R	J	E	C	J	F	Z	Y	V	H	Y	U
W	S	F	E	D	E	R	C	G	F	H	R	T	E	I	S	T	T	Z
F	N	D	G	M	T	P	L	A	I	T	U	W	O	A	V	S	I	V
I	J	I	O	M	S	Y	G	L	E	C	M	U	Z	K	M	C	K	E
W	C	W	C	Z	I	T	P	C	W	H	A	R	J	J	U	N	D	A
Z	A	B	S	H	C	J	E	S	Z	H	Z	N	Y	F	P	P	U	B
M	O	S	Z	U	T	S	J	E	T	G	B	B	N	O	B	G	O	E
G	A	X	T	R	A	Z	I	Y	H	J	A	N	V	Q	T	K	P	R
D	E	L	C	N	B	N	D	E	C	X	P	N	R	B	S	K	Q	Y
E	J	K	M	A	N	S	U	B	I	W	Q	J	C	R	C	C	U	K
X	O	O	Q	A	B	D	M	I	N	D	N	I	V	S	T	J	O	P
T	G	V	M	U	Z	F	S	E	E	W	U	W	K	T	I	V	A	F
S	V	A	U	Q	Y	X	O	S	C	E	Z	F	E	S	T	E	Q	H
C	Y	E	V	T	K	N	S	L	C	I	I	S	E	Y	P	R	F	L
G	X	G	V	Y	R	E	S	G	D	J	N	W	J	P	E	C	F	Q
C	Y	D	O	B	N	Z	Y	T	W	N	H	X	J	O	X	X	R	P

Lösung 2

Q	G	L	D	P	O	S	U	P	G	M	A	J	F	J	G	O	A	T
L	H	L	U	N	D	B	E	Y	H	I	V	F	M	F	I	M	O	K
B	D	E	I	N	S	Q	U	U	S	A	W	N	S	F	G	Z	P	Z
M	G	U	R	B	A	O	C	T	Y	X	T	L	P	F	R	A	C	G
L	K	G	W	Z	E	B	Q	U	S	E	S	M	A	L	P	K	U	V
L	P	O	E	G	R	U	R	G	I	T	M	M	A	P	L	W	S	D
J	W	I	L	X	B	A	Q	J	L	B	M	A	A	D	P	G	Q	C
H	L	F	L	P	I	F	S	O	H	L	I	O	J	T	R	E	P	E
A	F	Z	E	O	G	J	P	Z	Y	D	N	Y	H	S	P	Y	L	F
S	D	O	U	U	G	J	E	W	M	V	R	Y	V	S	H	W	V	W
E	T	Y	F	M	D	R	D	Y	G	M	O	X	T	I	M	N	D	A
R	B	Q	R	J	V	B	D	E	A	S	V	R	C	Z	I	R	R	S
T	R	R	E	C	B	P	S	L	B	E	U	A	H	Y	V	L	P	W
A	F	C	M	H	E	W	M	B	H	S	S	B	U	G	F	D	X	M
O	O	N	E	G	Z	F	W	B	W	P	T	O	P	W	N	E	D	S
M	J	I	C	P	F	U	Q	A	A	R	G	C	L	P	U	G	R	R
N	R	U	B	A	L	E	U	C	V	E	W	R	M	R	G	Q	W	M
B	T	G	R	A	M	U	R	V	G	B	B	Z	C	X	W	C	B	B
W	A	H	K	K	S	H	Q	I	G	E	W	X	M	B	Y	W	B	E
D	H	T	N	E	K	C	E	S	D	G	B	K	M	P	A	Z	F	G
W	P	V	L	I	V	A	H	T	E	X	O	V	Y	D	C	K	H	E
X	C	L	G	G	C	G	P	E	F	S	K	B	V	Z	S	F	H	H
N	A	I	D	I	R	L	W	M	H	H	Z	L	W	U	H	P	V	R
F	B	X	Q	F	G	S	U	C	K	W	I	G	S	I	I	G	E	T

Lösung 3

L W P L Q D T V G Y Y I L E K T Q E Q
K R X X V T S T Z A D O W Z R A K A K
M X Q F K F B T Y E Y O O E M J C J S
K J K C G L B M X M U B G K N R F R F
K B Z B M U R R N A H R X P X F Q K U
M U O Q R Z X W Q V A U E K X Y I J H
J U K I M Q T M O Y G S T W R K H N D
K V L Q O D G P S S H M H P W E G F Q
X E A C N I S X X J Z N I N C L K E P
B S Q J D Q J Y R R R W G R Z C T B K
P J J U T L P P Y S E X W M Q O M E Q
Z U J D I N G E S R V D A B S S K I Q
G T I H A H G T U W A L A Y K Z G L H
O A M R W W H O G G H L D D A U H Q B
H L Q I V N P J L C T U L C R O N L L
W K X J L U T R L X A C R E M X U P H
J X Q Z K Q G E P M W M H S G H Y K I
Y H S X O N M L G A T H E D X Q Z I H
D N E H E H C S E G O U O O S X S A D
B B U L B I S H S V K S K X U N V W B
F V K G A F Q E C E I R T S R K K G R
J O C N B S X Z C V O Y R P X J V Y V
C F T T Z T S P E K J B D J A V H J B
U O P I W B E T B X T W M F Y V V O L

Lösung 4

W W C Z D U X W T P H W I W D H Q T P
I I K V V Q N X W S R E X U P F F E K
J V N K F L I S E Y Q R I R I P V E F
Y H W G D Q X I E X I F T E J T H A A
U T C R U O D N R U N Q E M I N X D F
Q M O I K M H V L Y S P B Q I D H U N
O A O K L W S X F J V V E M D E F A E
M F H M B H I K D G B C T U V O Z O L
D G N W X S E L Z C C H E U C D D D L
I Q E I Y H W O L E F R T U P S E Y A
B Z P Y H U K D R E U I J N S R N U Q
W A Z Y S T T I C F P S T T N E N S F
G A K L H U D N V T O T B E I C I L L
O S Q J J U S G V Y J U A R H W F D I
T G X I N V O E N Z J S L L D R I V H
T C F T F F I N J Y Y S M A E A E R Y
E X O I F M H M F D K E J S R N K U P
S B G E O T Q T U F L J H S R D X W F
X L U Z E D S T F F Y C K F P U J D Z
T Y X E A U G Z L R D O H H V C H X E
X W N L Z H C H R A B K N A D H F Y U
C N L L L G G H T C Y Q U M H H C Y I
O R K A T F C E I Q A N R K P W H L S
D B Z X I N S A D S F Z R E I Q F S T

Lösung 5

S S T N W Y P G M P X Q X K S L Z G P
P P J O S Y U H C C F S P O T B E M J
E N M M E Z I Q A S E D J G N N S H H
F E E T K T B A N C O Y J O U Q S Y L
E D D T S O S L Z A C E G G W J Y Q U
F E Z U I E A U Y D G D T L H F M G Y
Z U F K A I Q D E H H N F R H G I L U
F M N K U B C M U P H U K S M R I I J
N E D N E G E O M R E V N U K B U A G
H L K T M A A V B O D V O H G N B T O
R T Z M Q C E M J O R B E V F A X W D
J K M E C W R S U D D T E Z U I F R X
L Z T G P T Q Y P U M F G I C N K W T
D F R I A O R V I M M X F S G U I J J
H V Y X I F E P S C J O T H K J L D B
R T Z N S A P M E P G A A A D P N A F
K A J R H V D A B P E W Z E E T P O N
L L T V P Q Z W Q R L R W P H H W H U
T G W Z Z F X K K A M V J S I A B S Q
W F T D K V V E U E B Q S G V W Q W P
H S A P O L K O C M V E J T B B A E P
M E D R U C H S P D Q Q Z T M V F E T
T B I G K W U X G V S A E Y A P L Y N
D B R J H U E F B R U W Y R B J V W O

Lösung 6

L J T P M S V J F P V G E H N G C E M
E Y D U X D W K Y C V C S P R L X O S
A U Y N B Q N J F X Z E X Z C A R N S
O L I L D L E Q V B M Y Y A J U M I A
B U L K N W D K B D J E H H Q B F R D
U E T E U B R O K C B M M J J T A M R
C S T L S Y E W E B A P O R W G S U N
J J C E T I W Z B K L F H J S Q Z O R
G W P K T H L P R U N A T C E P N C X
Z T Z I C R I C J S R N H N W A S Z Q
D L K C D S E M J T V G E T M U Y N T
R A T H T P T Y N Z P T T A L B Q Q Z
J T H H N P U C D Z D T Y Q Q X B S K
U A L E P V Z D T A Y W U S Q C K W U
H Z B T E W B Q R B L W Z X C S N C H
V X U V W S E U V J I Q N Y L K X L R
X J U T T B M W C E U T A C U X S F I
P S V B T T R V M G H T T J M J Q H B
W H K Z H M O S V A E L Q E V F T Y Y
I U E U C H D Z U S E P C M T T F R P
H P Q S L R V O W M P H E X G N N Z U
R O O Y I M H F I W S B U S Z O C M A
Z O H W F T R C N A O O C S Q R R C V
V V P G K U K T P N J P H Y Y B V J N

Lösung 7

F W N I H X Q Y U J C T C D N C T T M
A X A T H N G S G H U W C I X A I E D
J F Q J L Y P X S R U Q C E S M I F G
E G I H X M J V W I U H V T C N L G D
E D J A D D B N X B T Q X A Q J O J P
Z C V T Z L F N E E E F Y K C T T E X
Q O Q V D C L Y T B F Q O G T I O D J
J T O O E B R A H G Y L E B K H Y E I
J R M E Q A H Z Y K Y L Q W A O I R W
Z S M I J U E S N V U A Q N E N I E L
E X W V N S Q R E U B P W L H K I J K
V P C B E P I F M A N L I A Y C E C I
T X I P H R D M M L W W C F N J I E H
Z Z V S C C N C O S L A I B R N X S Y
T W G A I J X S N F L K B L J E E F D
K B T L L J W H E Z I K R W L Q B D C
Y W Y N H N C Y G J E O Z M Q E Y E H
J Q E E E K Z Q R K B C X X D W N Z G
V J V Z O P E O O V I C V D I F O W C
D M S R R Z E S V R G B H E G C M A K
R T R E F U O R O G Y D M C W P I N B
A Q H H A T Z E Q D F W V X E K B G H
O X V A J C Z G U M E Z V U F M H T Y
M S U T R T B P P R K R E A T V F Z S

Lösung 8

S A W K Y R E Z D U Q H G B X T D Q X
V F O S B N O U P I H P O P J R I H F
Z N L I B D S V M Y E Y B J D L W O M
U X L J O N E N L H X Z H Y V O Q E E
V W W V C T B F S I I M C D W D R R N
E X S E I S T H Z C N E U I M E H T I
R N N L E N R I W E U B L A W G P Y E
S I Y Q G V R E D E N L M I X J J B S
I Z P W H S E J U G E V K V I C L H J
C V W W X R K D N N U R Y H R W C P S
H C H A L F A O S R L T I W T A W X A
T L T D S U K J L I D X X W N B G U J
B E D C Q Q F E A Q L E M Q I K W U H
L R P J K V X L T W A B M T O Z Q L A
W R J Z E I J Q D M O Q T O O W P N G
D P I S N N R Q Q Z E E F U S G H M Z
G R E D N E R I Z R N D T X O K F X E
I T L X E K P Y C C N F F A N E U F F
A I C D W O T Q J U G Y R F Z E L L K
T Y H W H I Q P H V O T Y B E S A U X
K N J M C P E W M G T S A W T E A U X
F T W J R R H W Y S W X I V B R N T I
Y A S T E W S M V V I L T O U M E I B
V Y G Y W J V N O V F V W S D A S M Q

Lösung 9

I E V Y B R B P O F W S X Y R R K E X
I R M Y N C W Q O T Q Z B K S V I P G
F O H H C K E F Q D G O Z V L X E A U
Q T G G I Z R H T W Y B V I I M J B M
K E R U H B G U W K H R T X W R A D Y
C Y A U Z S B U O K I Y P S S W H I X
E M K S E T O N W K B G S D G P W H V
V I R S T B U I M E U F U Y Q R A W Z
R G H E T L S T Y M V M E N X V L M Z
Z O M C J L A A Z K U X N L R T P D N
R I J M I N O Z L H G D Z Z T E B E G
B I C O M L N I N S C I N T S B W A H
O M Q I J I H H V Y J I Z H R N Z K O
K Q K M U T P E Q X O J L L Z Y Y F P
R G S F B D N O O U D P L R U L W F W
D N Z G M U I N S R J S S T R K O I H
Q U G T N D M W D U F O L B N A P H K
I N Y J Y L I L Z L N V R N R O H L O
Q F N A Q C U V W C H P D I R L Z E I
M F U Z N Z G H A H G I D L U D E G B
H O O T J K T Y H V E K O R L P X D Q
D H J E I S E B Y S R O U X G R W K G
E G G A V S Y R C Q O Q Y U G Y S P E
Y X H Q Q R P U I L X K W T V Y M P M

Lösung 10

R Z O J M E X Q Q I X A O Q O H U X E
N Y L O D O A B H N E D D O N K T Q R
R Z D S T V O B H K U F L K T Z H M J
E R U F P R J N E A E T X G X T I M Z
D X L Q X H R A G H I O O U W I Y N Q
N S L V H C G V J A N J F T Y T D S Z
A Y L T G B D N U O R C Q F W O B E F
Z T Y D I Q V K U C V U B A D H R K S
W K O J X P R L K W B J M D D T P U K
T Y N V C H Z I Q P X N Q V R X F Z L
F G L C K U C J T V F A Z A W L F Q O
G Q O A R T A L E J E W G G S V T L E
R L D W F H C W I Y I T D C R E L L A
J R N L M H G H T S G P Q E H R V F G
O M A N Y Y F L Q U T B A K M L K S Z
R U J L G O W T C F M F E K R U L V L
J B A K W B G G F H Y T G G D O T Q F
Z R L H X W X A V E Y R F E Y E C D O
Q N T Y C C Y S Y N Q E E N D Z W C S
M E I W H J K F F L R N T B A U F T H
X D C I Q I Q F U G D I W M E S L X M
H R X J D F U M U Z W E K C N I M D Z
Q B T O H G Z D U X D N Z N I N L W I
V R X C Z G C B E N H N C S D T A O D

Lösung 11

P	B	X	P	C	Y	L	I	Z	N	C	P	P	T	T	E	U	O	B
B	J	J	C	N	L	L	Q	L	P	X	P	I	Z	Z	H	S	C	M
Y	W	M	K	P	F	G	R	O	E	S	S	T	E	L	D	J	V	L
Y	D	R	E	I	B	L	E	I	B	E	N	V	Q	B	A	M	X	V
O	Z	P	C	J	U	F	F	E	K	M	R	T	G	J	R	H	A	Z
T	X	N	F	G	L	A	G	A	R	M	S	E	Z	U	Y	F	D	Q
W	M	Z	D	S	X	C	C	O	B	V	M	K	N	A	C	C	X	G
X	J	Y	R	L	T	R	S	M	U	S	R	D	T	U	I	I	M	A
T	Q	B	S	R	V	O	Q	M	W	P	W	V	X	T	A	I	N	R
X	L	F	J	E	Y	L	P	P	Z	H	M	Z	Y	I	B	R	W	O
E	M	A	B	E	R	H	K	Z	X	Q	T	U	U	P	Y	Q	Y	I
A	N	F	D	Z	H	S	V	X	D	V	E	F	Q	H	W	I	S	J
W	O	I	E	G	O	C	M	I	I	Y	U	I	X	G	H	Z	C	T
W	X	I	E	J	W	Q	A	N	U	N	U	I	J	N	T	K	L	H
Z	Z	V	A	J	L	P	U	M	X	W	X	L	I	U	D	N	X	I
W	O	R	K	M	I	F	V	W	M	X	Q	C	V	N	B	L	D	L
A	E	M	Z	Q	E	I	L	S	W	R	V	X	K	F	M	I	R	N
K	M	W	U	N	B	N	Y	Z	W	G	W	S	H	F	I	E	U	R
N	R	E	B	A	E	X	M	D	Z	G	Z	N	X	O	G	B	N	R
I	R	H	O	N	R	Q	M	A	K	S	N	N	N	H	C	E	T	V
T	J	S	H	M	P	K	H	E	S	E	I	D	Z	R	C	C	E	I
U	N	I	T	S	B	S	X	C	M	D	D	K	P	T	F	T	R	W
S	L	S	L	B	Q	E	I	D	E	A	I	G	L	A	U	B	E	I
R	I	B	L	N	O	E	K	W	B	F	P	E	F	H	A	F	D	C

Lösung 12

Q	Z	V	M	K	J	C	W	C	Z	P	A	T	V	B	D	H	M	O
M	J	H	O	C	N	D	Z	K	R	G	S	F	C	M	P	A	L	C
D	Q	R	T	J	T	E	O	Z	G	Z	L	Y	G	T	T	W	D	U
U	E	H	L	E	W	G	Q	D	I	N	G	E	D	F	N	V	V	M
E	X	T	T	S	D	J	E	O	L	Y	Z	H	H	L	Q	K	Z	N
D	W	M	H	U	L	X	M	L	J	M	W	M	D	U	Q	N	U	O
N	C	U	S	S	U	X	X	H	O	H	H	Q	G	V	R	R	N	H
W	H	M	Z	W	G	N	P	E	A	O	C	G	S	V	E	W	I	D
I	X	C	S	O	S	A	G	S	T	W	C	M	Q	T	D	X	Y	W
A	X	B	D	A	G	L	H	Y	R	O	W	L	A	I	T	S	B	S
C	F	R	U	C	I	N	N	O	P	X	Q	Z	O	Z	P	L	F	U
K	M	L	L	C	I	N	K	R	Y	U	D	A	C	R	M	E	D	F
R	U	S	H	K	E	W	Z	O	L	M	D	F	A	R	D	N	I	S
K	J	D	N	W	N	L	D	G	B	S	I	C	I	C	S	S	N	C
Y	F	C	T	U	H	Y	F	G	D	E	H	Z	H	V	A	F	Y	P
T	Y	O	D	T	F	F	Q	J	F	N	X	P	G	E	V	T	Q	H
I	S	I	A	K	S	P	M	K	X	J	I	T	Q	L	J	N	I	B
A	B	L	P	G	Y	N	J	H	Z	K	A	P	T	E	M	Q	R	V
A	U	W	Z	I	D	Q	N	L	I	T	E	F	B	L	F	K	U	H
C	O	A	K	P	X	N	G	A	I	V	W	K	U	L	P	R	X	V
Q	G	Q	D	Y	Q	D	E	O	K	M	P	T	A	A	E	D	I	R
T	C	S	C	P	M	N	R	S	R	J	B	P	L	R	B	J	E	K
L	K	M	I	L	B	K	W	H	J	F	D	S	G	J	O	B	H	F
O	K	E	Z	I	M	D	U	F	D	B	N	P	O	Y	A	B	N	V

Lösung 13

M	P	T	Q	F	H	O	G	F	Y	T	R	P	L	S	R	R	N	K
R	M	G	S	D	G	E	V	E	V	J	G	Q	R	L	D	Z	R	E
H	W	E	X	I	P	E	R	C	C	G	X	C	Z	S	Q	E	Q	I
K	S	W	X	C	R	R	M	Z	E	C	A	H	L	S	D	E	T	R
L	A	S	Y	G	D	L	U	S	L	N	Z	N	E	N	V	L	A	L
N	W	A	E	X	Q	I	K	W	R	I	U	I	A	Q	M	C	H	M
G	L	B	M	V	C	F	W	I	W	A	C	N	H	I	T	E	H	H
H	E	H	T	H	D	B	X	G	B	V	I	H	B	F	S	J	A	L
N	U	R	T	S	R	E	N	I	E	E	E	Y	N	Z	N	R	S	S
X	L	X	V	Y	H	Z	V	D	R	Z	J	W	I	E	A	Z	X	J
L	Q	A	M	O	I	Z	N	E	G	H	U	D	M	V	N	Y	U	X
Z	A	G	E	H	R	Z	T	O	I	Y	C	I	E	J	P	T	I	J
A	U	N	D	F	S	N	T	M	X	P	D	R	G	P	N	Y	Q	S
C	J	C	N	W	U	T	A	V	S	T	G	P	A	Y	V	Z	Y	A
C	S	E	I	D	G	J	R	N	H	E	D	X	G	O	E	A	C	Z
Z	L	Y	V	K	D	E	M	C	B	E	F	I	I	P	U	A	U	P
K	Z	A	M	R	B	D	U	T	Z	G	W	Z	Z	S	C	X	C	G
A	E	E	N	A	A	A	N	C	S	U	T	S	I	R	H	C	U	G
M	K	K	W	H	U	P	A	E	Y	S	U	I	D	L	I	X	M	H
Y	V	E	U	T	J	N	X	A	L	V	N	K	K	B	O	Y	H	S
E	C	A	D	M	D	Y	Q	J	S	A	D	Y	C	U	K	X	C	W
W	N	K	H	E	J	V	V	B	Q	A	I	J	X	Q	H	K	W	X
N	M	O	R	O	G	D	A	N	A	H	M	A	G	U	Z	X	W	V
B	K	N	B	T	E	D	F	R	E	U	N	D	L	I	C	H	H	U

Lösung 14

O	L	X	L	K	X	E	B	D	K	T	W	O	T	R	B	C	S	O
K	I	T	F	L	E	H	E	M	O	O	O	I	E	C	K	H	I	M
S	B	C	E	R	R	R	B	T	E	E	E	D	I	W	Q	X	K	C
Q	U	B	R	T	Q	U	B	K	G	K	U	U	D	Q	W	K	C	W
O	E	E	J	U	P	N	N	I	G	A	L	C	N	C	L	O	T	B
N	N	F	O	Z	W	D	M	I	R	E	J	O	K	M	H	O	N	Y
O	F	H	U	L	J	O	T	A	W	S	R	H	L	Q	V	S	T	W
Z	N	I	G	Q	A	H	X	Q	F	F	G	H	C	D	W	E	S	L
C	Q	W	O	N	C	T	O	I	Z	X	E	U	E	A	F	Z	L	Q
A	Z	M	Q	E	Z	R	Z	D	T	L	R	F	N	C	N	B	O	I
A	M	S	R	P	U	M	Y	P	C	N	E	P	N	D	Z	Y	E	S
E	W	E	V	V	D	H	P	J	Y	E	C	T	I	I	W	Q	B	W
O	G	Q	O	P	R	T	O	O	Z	G	H	F	E	S	Y	E	O	X
G	J	M	N	A	P	E	T	L	A	D	T	N	S	D	T	V	O	T
X	Z	O	K	B	S	N	A	P	U	F	I	V	G	E	N	S	I	D
Q	U	G	G	M	F	F	R	K	M	J	G	P	U	H	I	I	S	L
B	E	R	H	W	B	E	G	P	P	Y	K	G	I	D	X	G	F	V
V	F	I	V	H	W	H	T	K	W	K	E	Z	P	D	H	Y	J	P
R	Y	C	E	D	R	U	L	D	V	S	I	S	F	V	I	S	E	Z
M	T	M	R	Q	M	Y	W	Q	D	Y	T	C	J	I	V	L	S	C
N	N	M	S	C	J	F	I	E	C	C	Q	H	Z	Y	J	U	W	N
O	Z	C	F	X	A	L	R	X	D	E	P	U	Z	Q	W	A	K	H
S	X	M	S	A	N	S	K	W	J	U	A	S	L	S	F	E	Z	R
R	K	B	Z	Q	H	N	H	U	U	C	I	O	X	Z	N	K	Q	D

Lösung 15

D	Z	O	R	E	R	A	B	S	S	A	F	N	U	U	X	A	Q	T
S	H	N	K	P	N	B	T	K	A	P	M	J	G	J	T	I	H	F
I	C	F	E	C	E	N	O	V	L	O	I	R	S	S	F	K	G	E
D	I	A	S	N	W	I	F	D	N	A	O	V	B	Y	U	E	P	E
U	M	L	N	R	E	C	N	K	R	S	W	G	L	N	B	D	H	H
R	M	L	Q	T	U	D	F	P	S	M	W	E	D	L	M	O	I	U
S	P	I	K	O	W	F	N	E	H	T	L	T	A	F	J	D	S	R
P	B	W	X	P	B	O	E	S	V	Z	U	B	J	E	X	L	E	X
S	N	N	V	X	W	M	R	V	R	N	D	T	K	C	E	G	D	A
F	E	E	P	J	Q	H	T	T	V	D	B	A	G	L	N	K	Y	N
N	S	M	O	J	U	T	X	U	E	E	H	A	V	I	V	M	E	H
U	D	G	V	S	X	B	W	Z	Q	N	P	G	D	D	G	U	Z	D
Q	A	M	F	O	D	D	Z	T	C	H	T	P	F	B	E	T	X	Z
G	Q	D	N	U	U	E	B	R	R	B	S	M	M	W	J	X	R	S
Z	W	M	T	L	I	H	C	I	N	O	N	Z	O	D	G	E	K	A
W	E	O	K	P	U	W	Q	F	D	M	C	C	W	W	G	N	A	F
Q	C	B	E	X	P	E	I	C	T	C	S	R	S	H	T	W	B	O
P	W	O	C	Q	A	I	A	D	L	L	J	C	N	R	Q	S	Y	Y
X	I	Y	V	E	W	S	C	V	L	O	Y	Z	D	C	T	Y	D	O
D	H	H	I	G	F	S	Z	I	C	Q	Q	H	G	H	W	W	N	A
H	E	F	R	E	T	T	W	V	A	T	W	F	C	F	U	M	U	O
T	P	E	I	O	Z	Y	C	Q	M	L	Y	I	P	Z	U	F	L	X
A	Y	T	D	F	B	I	B	E	J	Y	N	J	W	D	B	F	F	N
R	W	Q	G	X	M	O	F	U	L	L	X	N	Q	L	R	I	D	H

Lösung 16

X	U	W	Y	L	R	V	Q	T	R	C	G	Z	E	P	T	O	I	F
G	A	I	O	J	D	N	G	H	K	A	W	E	W	K	Z	D	N	U
J	L	H	R	V	K	C	Q	V	W	D	R	M	S	E	L	B	S	T
G	W	Z	O	G	T	V	U	J	J	O	P	W	G	P	Y	Y	S	O
O	J	M	L	E	C	F	J	M	Y	S	E	P	I	S	O	Y	K	U
Y	O	Q	Z	L	R	P	A	F	B	E	T	R	U	E	G	T	Q	U
I	S	A	U	M	F	E	B	C	T	I	K	N	Z	Y	I	A	R	A
Y	Z	T	C	Q	W	L	R	C	L	A	N	K	W	L	G	P	O	S
Q	M	P	R	V	T	J	J	R	W	O	R	T	S	W	T	Y	M	G
Z	Z	I	E	C	G	N	Q	W	Z	U	W	H	A	F	X	Y	J	Z
P	P	Z	B	S	A	X	Y	D	K	B	J	A	A	C	D	R	O	Y
W	S	S	A	E	E	P	T	A	M	F	W	Q	L	S	V	T	K	N
O	M	K	B	L	K	F	O	S	N	D	Y	F	F	V	Z	A	M	Y
G	T	I	S	O	N	S	T	B	T	A	G	D	N	W	O	M	R	U
K	H	X	P	O	M	Q	X	U	Y	W	R	U	I	H	S	E	I	D
O	B	L	V	W	B	C	F	L	T	H	I	F	J	Y	M	O	B	X
O	I	Y	D	T	Q	R	X	A	A	V	A	N	R	I	Y	H	D	L
X	V	L	J	F	D	E	E	O	S	W	N	I	E	U	C	D	A	Z
B	E	O	R	C	Q	T	A	K	O	B	Y	E	Z	U	S	R	Y	U
V	B	Q	T	M	E	J	J	Z	N	F	D	L	E	O	G	U	O	Y
G	Y	J	R	R	G	B	N	G	U	O	W	L	X	C	H	N	A	F
F	I	G	U	J	B	J	R	B	W	Q	K	A	V	R	A	R	Y	V
W	M	W	T	H	C	I	N	N	P	D	E	S	J	X	J	H	A	M
U	I	Z	J	T	D	Z	C	N	G	D	I	X	A	C	P	I	I	A

Lösung 17

J	E	U	F	O	O	S	U	Z	O	H	I	K	D	E	K	T	I	C
H	L	C	S	T	X	V	K	D	B	N	C	Y	E	B	S	G	N	K
P	K	O	G	T	Z	W	R	W	G	Q	D	F	W	A	W	J	C	C
R	L	V	J	U	H	I	T	E	A	M	R	Z	H	Q	T	K	J	W
C	Q	J	O	X	W	R	M	P	N	O	K	R	L	P	M	M	C	E
O	O	B	C	N	S	U	E	E	W	O	W	H	K	A	Y	O	E	G
U	G	C	F	R	W	K	P	E	A	C	Q	I	N	Z	E	R	H	Y
N	S	D	M	A	U	C	H	W	E	B	Y	N	F	U	L	S	S	F
K	J	Z	V	A	N	S	E	Z	A	T	Z	U	K	N	F	K	S	D
A	A	L	T	Y	D	R	S	A	N	H	C	R	N	D	A	S	Z	T
U	T	B	D	W	P	Q	C	Y	G	C	J	F	F	D	D	J	O	O
C	Q	Q	L	Y	E	J	R	F	I	I	O	N	P	K	U	V	F	K
G	A	A	O	W	I	Y	R	N	E	N	I	E	S	W	M	J	Q	H
F	B	O	C	D	V	G	Q	H	L	L	N	E	C	T	Y	X	O	A
R	N	E	N	I	E	D	E	V	A	F	J	A	G	K	N	N	Z	N
X	N	S	I	T	W	E	A	W	D	G	G	U	F	O	I	V	I	L
M	F	N	Q	E	T	J	J	V	O	N	C	J	R	F	L	P	A	R
V	J	E	J	B	V	A	T	G	O	E	Y	N	K	E	K	X	V	E
Q	O	B	E	H	E	V	L	G	S	N	H	Z	Z	J	C	Y	H	L
Z	F	A	T	P	W	P	P	T	S	W	P	N	A	K	J	L	M	I
R	W	N	O	N	D	K	E	S	P	Q	M	G	E	Q	C	N	S	R
H	L	K	J	J	N	E	E	Z	U	O	W	L	F	Y	N	B	I	F
K	K	S	L	T	D	E	N	M	F	P	P	C	B	A	F	S	L	G
J	A	O	S	L	C	K	W	C	Y	E	F	K	P	X	J	Q	U	U

Lösung 18

B	C	Q	G	Z	X	T	T	X	D	M	L	I	W	T	F	Z	R	O
C	I	I	K	S	K	I	T	Y	Y	N	N	T	A	O	Q	O	S	T
L	Y	H	C	T	F	D	O	M	M	P	E	F	U	N	R	B	K	F
F	I	R	B	W	F	N	S	V	E	Z	J	C	O	V	G	Z	J	C
S	X	O	K	D	A	C	B	F	R	N	G	Q	Z	F	S	S	C	L
T	B	A	E	J	I	L	W	N	I	S	S	V	P	S	T	X	Z	X
V	B	I	B	G	R	B	K	O	H	C	M	C	T	X	B	S	S	Q
T	D	E	I	I	M	M	L	N	V	Q	S	U	H	H	D	E	N	N
G	G	R	G	J	F	J	A	P	E	V	F	B	Z	E	R	I	R	K
P	C	R	S	R	R	Q	A	O	R	N	N	V	X	E	N	G	E	W
E	G	F	X	M	E	U	N	Q	F	L	O	J	F	Z	Z	W	H	F
K	W	Z	K	Z	Z	V	W	B	E	K	I	Y	T	E	Z	E	C	B
F	B	G	Y	G	W	A	B	N	H	H	M	N	K	E	A	N	S	U
C	I	T	O	C	C	I	V	W	L	E	X	Z	C	R	X	N	I	H
Z	Z	E	I	D	P	J	R	G	U	H	X	X	D	H	M	Y	L	G
N	Y	N	J	L	S	W	B	D	N	U	T	L	H	I	H	S	M	N
Z	P	I	M	R	B	N	E	D	G	N	J	I	B	I	N	T	M	A
R	G	R	C	C	U	L	J	E	E	N	V	R	L	E	Z	K	I	N
N	Z	Z	A	U	Y	P	E	H	N	R	E	E	B	P	W	A	H	R
O	A	M	I	U	Z	M	D	F	N	T	U	E	F	G	V	D	T	P
S	E	I	A	E	C	C	H	E	A	E	G	S	C	A	L	E	S	T
Y	T	L	Y	N	U	H	V	V	R	R	V	I	F	H	O	G	M	F
N	A	I	A	W	L	C	D	Y	E	D	Z	K	Q	Z	V	L	C	H
I	Z	O	O	Y	G	B	H	V	B	N	S	O	Z	W	H	S	J	D

Lösung 19

B	D	R	K	B	L	X	O	A	U	M	H	G	C	F	R	Q	L	I
Q	I	D	I	E	P	Y	T	N	A	T	Y	B	S	R	K	S	F	B
X	E	V	R	L	M	W	B	V	V	M	V	R	Z	U	B	Q	R	Q
D	S	T	D	C	W	A	C	X	U	M	T	Y	P	C	K	S	I	G
O	S	P	G	X	Z	R	S	E	W	S	N	C	E	H	Z	G	E	R
I	K	O	L	S	S	R	G	S	I	N	E	I	E	T	Z	I	D	D
F	Z	B	R	N	A	P	E	E	O	N	F	D	W	N	S	T	E	P
C	R	F	N	W	N	J	G	R	W	I	K	D	R	T	X	G	G	L
E	M	A	W	N	F	L	E	N	N	E	Y	L	E	E	N	C	B	R
A	B	S	B	C	T	A	N	B	I	V	R	S	T	R	W	D	D	C
N	K	E	Q	D	M	N	Q	N	A	S	M	R	F	E	W	J	H	Q
E	C	Q	I	X	U	Z	N	O	A	B	W	V	R	B	G	Y	C	O
D	Q	Y	M	L	T	F	D	A	L	L	T	I	E	Z	E	I	R	U
U	D	T	T	B	R	E	B	W	M	P	I	T	U	P	D	X	F	Y
E	D	W	X	C	E	D	W	R	O	R	E	N	N	F	U	P	K	W
R	E	L	B	A	B	E	R	H	S	K	H	R	D	Y	L	N	U	I
F	S	U	T	O	P	D	S	S	Q	P	H	X	L	O	D	E	W	H
Z	N	L	C	A	Z	U	B	T	E	S	C	T	I	O	L	T	N	B
Q	M	L	P	T	R	Y	S	E	F	G	S	C	C	G	O	F	A	X
I	H	I	E	T	M	Q	L	H	T	X	U	P	H	G	Y	F	I	P
H	V	S	S	J	I	D	H	T	R	M	E	Z	K	Z	N	B	C	T
J	E	G	U	E	T	E	O	W	E	P	K	P	E	R	N	W	K	S
G	U	T	S	Z	P	Y	Y	X	U	D	T	W	I	P	O	X	Q	X
S	D	J	Z	A	J	P	I	R	E	R	F	F	T	L	P	N	R	D

Lösung 20

G	X	A	M	E	X	P	H	Y	Y	A	X	B	U	O	J	E	B	J
L	J	V	Z	W	M	P	N	M	O	V	M	N	Z	H	N	E	H	Q
H	F	N	M	D	Q	W	P	Z	E	X	E	X	F	S	S	E	M	K
A	F	R	O	J	Z	K	Y	U	E	N	B	J	E	T	N	I	L	R
F	E	E	Q	Z	Q	E	C	X	I	Z	T	L	W	L	T	W	Y	S
M	M	D	M	W	R	H	J	U	Q	R	X	R	K	M	Q	Z	B	S
R	J	N	A	I	G	T	U	R	O	V	H	P	F	J	G	R	V	Z
X	E	A	Y	Q	A	N	G	E	I	I	Z	U	T	R	K	Y	A	R
V	R	J	F	I	D	F	S	S	L	D	N	H	E	R	R	U	R	R
E	D	Z	D	C	T	T	E	Z	Y	T	Y	P	E	P	M	C	U	A
Q	V	M	H	R	E	D	M	C	E	C	A	M	G	E	Y	L	E	O
N	F	T	U	T	M	R	P	R	B	S	B	X	S	B	L	H	S	P
P	O	R	K	R	K	O	E	U	M	I	S	K	V	U	S	G	J	V
A	U	E	H	J	A	I	T	L	F	C	J	R	Q	Q	O	X	N	O
S	A	N	K	J	N	D	S	N	A	A	B	Y	U	M	Q	H	W	U
N	V	I	Z	A	M	A	O	O	J	C	J	K	T	R	B	L	D	F
W	Q	E	N	B	G	U	E	O	B	L	U	F	H	L	P	K	O	G
Z	C	D	B	U	V	D	Y	S	O	K	G	O	Y	P	Z	M	W	Y
P	E	D	H	D	Q	E	X	P	N	D	W	B	I	Y	E	M	W	L
R	G	I	I	I	H	Z	V	E	W	M	O	S	M	T	R	A	B	V
J	R	E	Y	F	L	Z	O	V	H	M	B	V	T	D	B	D	G	N
X	J	X	A	Z	B	F	C	Y	U	O	Q	P	U	Z	A	U	D	A
X	E	K	N	D	J	O	A	H	N	G	W	P	T	S	U	D	E	Q
R	P	Q	N	I	A	U	C	H	T	V	B	E	D	R	E	V	N	T

Lösung 21

Z	F	X	H	W	E	L	T	L	R	U	R	E	H	E	O	H	X	A
O	E	V	K	N	V	Q	H	N	D	E	M	U	T	A	D	I	N	A
U	H	U	X	O	K	R	C	Z	Q	D	M	Q	X	A	E	T	N	T
P	J	Q	G	T	J	D	I	L	K	U	H	V	W	M	U	D	S	S
X	E	U	H	T	X	L	S	H	R	W	Q	E	R	U	E	J	O	B
W	I	R	S	J	V	H	H	L	C	D	T	V	O	R	I	Z	N	L
J	T	Q	U	V	P	T	V	K	I	M	E	V	N	F	Q	M	D	E
S	L	B	T	B	G	L	N	P	W	B	F	S	N	E	L	G	E	S
L	E	U	P	J	L	A	J	Q	D	W	P	Z	D	E	O	L	R	I
Z	R	S	P	X	U	Z	T	U	N	N	E	G	I	E	L	A	N	E
E	L	C	P	E	G	R	J	O	W	B	Z	Q	D	N	L	L	Y	C
H	R	Z	N	R	Q	Q	A	N	J	G	N	J	V	A	A	Z	I	A
Z	H	X	Z	E	J	A	X	G	T	S	D	C	I	R	V	O	E	W
D	S	N	S	H	Y	M	Z	Z	J	S	I	B	E	N	G	E	V	Q
Z	H	V	D	R	L	A	X	Z	N	A	M	N	E	C	C	T	K	Y
U	C	H	S	E	B	V	E	C	L	T	I	D	V	I	A	D	T	B
T	G	Y	J	Z	G	D	B	S	Q	E	U	D	J	C	L	P	S	B
H	Q	H	W	F	R	J	C	G	U	J	N	T	H	K	V	F	L	Q
R	F	S	T	C	N	A	U	S	H	I	N	T	T	M	C	E	V	M
T	L	V	T	M	C	I	S	Y	V	F	E	W	I	J	H	A	O	J
Q	Y	L	Q	O	E	D	C	G	X	H	V	I	Q	P	N	X	K	S
Z	N	R	Y	Z	U	F	N	H	K	C	K	Q	N	K	R	X	I	C
I	X	K	D	S	A	X	C	M	T	T	W	X	M	H	A	Y	E	L
W	V	O	Z	W	C	M	T	Y	I	S	W	Q	U	O	D	E	R	X

Lösung 22

V	U	I	Z	I	L	L	I	A	L	E	G	W	Y	B	B	Y	L	P
S	P	V	S	U	B	Z	Q	V	S	V	A	G	B	U	Q	Z	H	Q
E	P	S	P	P	Q	F	W	Z	J	S	O	V	B	V	P	I	K	Z
B	B	T	I	C	W	L	Z	C	S	K	F	S	U	M	L	S	U	E
L	X	Z	E	B	I	O	U	E	N	R	S	I	C	H	P	C	Z	R
Z	L	W	G	F	E	P	R	O	D	B	H	U	I	V	K	X	I	W
X	H	M	E	J	N	E	T	G	W	U	D	O	B	F	Z	O	S	A
O	L	W	L	H	F	A	N	V	J	M	S	O	U	B	Q	T	I	X
R	P	M	T	L	O	L	P	U	L	Q	T	Y	Z	Y	B	R	A	U
B	X	S	U	Y	A	T	Z	L	Z	M	R	D	S	S	R	B	J	N
A	G	V	M	W	J	S	B	J	J	M	S	F	H	A	E	H	V	Z
S	O	U	D	G	S	D	U	I	G	N	P	X	G	X	R	N	G	U
T	W	I	K	Q	C	A	R	H	H	W	X	Z	F	T	X	I	H	Q
H	T	M	A	R	I	T	D	O	N	I	Q	J	Z	U	O	C	X	R
C	Z	T	B	G	W	M	G	M	N	I	E	C	F	G	R	S	Q	R
I	T	Z	F	H	K	I	H	K	G	E	E	D	R	I	J	W	Q	E
S	W	W	B	E	E	O	M	U	Q	T	G	U	R	H	X	D	Z	P
E	K	Q	V	L	H	R	M	E	N	S	C	H	B	B	T	Y	E	S
G	B	Y	L	S	K	C	Z	F	Y	I	T	C	B	N	Q	X	C	U
N	B	K	A	F	I	O	Y	E	K	E	G	S	F	U	A	X	D	J
A	M	W	Y	N	H	K	W	H	N	S	R	A	K	Z	N	I	E	U
C	Z	P	S	E	D	W	K	X	U	N	J	T	F	Q	M	X	U	C
G	I	W	B	D	X	S	A	Q	X	H	D	M	G	M	U	A	S	R
A	N	D	E	R	N	Y	S	M	B	P	K	M	L	S	J	H	C	E

Lösung 23

X	V	W	E	H	M	L	E	R	A	T	C	E	P	T	I	N	B	P
I	J	D	E	I	H	T	B	V	P	Z	X	Z	K	C	Y	J	K	J
I	T	R	Z	C	E	E	I	R	P	F	C	A	R	F	W	I	E	J
T	R	Z	D	T	L	I	T	D	T	P	W	Q	U	E	H	U	N	K
Q	U	O	Z	Y	F	X	T	N	R	I	D	B	I	W	D	V	C	M
D	E	J	Z	K	E	H	H	A	K	A	M	Q	M	K	F	J	V	H
M	R	Q	L	M	K	Z	A	H	B	P	H	T	L	K	A	L	Z	K
Q	U	V	P	J	V	T	N	Q	Z	U	W	F	X	L	Z	H	N	G
I	G	X	Y	C	T	G	L	D	M	G	O	L	Q	U	E	L	N	O
H	V	D	F	T	I	O	S	U	U	D	T	R	R	V	A	T	E	T
C	B	M	Z	U	I	I	N	N	Z	U	E	T	H	C	E	R	D	T
I	M	E	Q	N	X	D	L	D	G	I	P	F	U	R	S	N	H	U
U	G	H	V	D	E	A	Q	N	F	A	T	R	J	Z	T	C	G	V
W	S	A	P	E	S	S	R	V	P	V	J	J	H	M	I	M	Z	E
C	T	Q	T	R	M	Q	L	A	E	S	U	Z	B	R	X	S	D	N
I	K	J	D	V	Q	I	F	T	N	B	D	E	P	X	L	Q	I	A
D	P	W	I	D	Q	P	H	W	T	S	W	S	U	E	U	P	R	Q
G	N	R	C	X	D	C	D	H	P	P	U	T	G	L	S	H	Y	U
V	D	T	H	I	R	E	C	E	E	I	J	N	J	V	U	Q	C	M
I	N	P	A	E	W	I	P	E	I	M	Q	T	L	S	V	Q	E	I
L	E	U	U	J	N	R	A	W	N	N	M	W	S	K	J	N	F	W
G	C	F	O	R	H	L	B	E	Z	I	E	U	D	S	I	O	B	K
Z	L	J	H	B	W	J	G	S	E	B	B	O	P	E	A	Y	O	K
Y	S	F	Q	G	R	I	N	A	L	E	H	U	D	P	C	F	H	R

Lösung 24

E	U	C	J	G	L	X	F	H	A	Y	F	Y	S	F	W	J	V	X
E	O	V	L	G	I	M	T	B	Y	B	T	A	Q	I	B	N	H	B
P	G	N	G	L	L	D	V	D	C	V	E	K	P	V	A	M	T	D
V	X	R	F	G	O	A	L	I	C	W	Q	R	F	Y	B	W	R	W
W	Z	D	Y	K	L	Q	K	U	Q	D	A	F	W	E	I	S	E	A
S	X	P	V	W	Y	U	A	I	D	X	U	E	F	H	U	L	U	H
N	M	I	H	T	N	M	H	N	U	E	R	U	F	W	R	I	X	V
K	S	K	Z	O	J	G	U	A	Z	B	G	H	B	D	M	E	S	T
T	F	G	V	R	K	Z	P	W	I	S	T	N	E	U	I	C	W	T
H	T	D	M	H	P	X	I	I	X	S	D	V	U	W	H	G	Q	S
Z	R	Q	N	E	E	W	U	B	K	E	L	E	O	N	V	L	R	F
A	A	P	N	I	P	K	K	C	R	Y	W	V	G	E	T	T	P	S
X	B	O	G	T	Z	G	Y	H	I	Q	O	O	N	N	V	U	I	K
X	N	I	S	I	E	E	B	X	U	K	X	I	B	U	M	J	S	Y
B	E	J	D	S	G	F	G	Z	G	T	E	B	X	K	S	P	O	W
E	F	P	G	Q	P	E	C	K	V	S	G	V	S	X	F	U	O	E
G	F	A	F	N	D	F	X	G	B	C	Q	R	C	N	P	G	K	T
W	O	L	W	U	O	Q	J	E	M	F	Q	W	R	L	H	F	D	D
P	Q	A	L	C	W	B	L	D	Y	A	Y	L	Z	A	P	R	B	U
Y	K	D	E	S	A	Y	J	L	R	Q	R	N	L	R	Z	X	E	T
M	I	I	V	F	P	Y	U	X	D	Z	K	G	E	W	Z	W	P	C
G	J	H	G	S	D	J	D	C	D	H	K	P	O	N	R	Q	M	L
R	E	K	Z	X	Z	T	C	B	Y	G	Z	F	G	I	H	E	D	X
H	F	M	U	B	M	Y	I	B	I	L	O	T	Z	S	D	E	W	K

Lösung 25

P	I	Y	Y	G	S	D	E	O	H	G	D	W	B	J	H	L	E	O
V	G	I	Y	I	D	T	Z	W	A	U	H	K	L	N	H	J	B	K
O	J	V	F	P	P	Z	B	J	E	H	G	O	T	T	B	C	E	R
G	N	H	A	T	U	Y	N	C	Y	R	D	N	U	V	J	N	M	A
A	Q	W	L	N	G	H	O	V	Q	C	A	T	V	S	F	C	Y	F
S	K	T	S	G	R	D	V	X	G	C	V	P	P	U	R	S	N	T
V	Q	I	I	A	E	H	Z	C	E	Y	Y	Y	R	E	N	A	L	S
H	S	S	S	E	D	L	I	R	Y	W	D	C	D	C	C	P	E	F
R	M	X	G	Y	H	C	L	R	T	Z	H	F	Z	Q	I	X	U	N
D	E	N	N	V	F	N	T	R	H	T	O	C	O	B	H	O	N	F
D	M	P	Z	B	J	V	E	W	C	U	V	K	S	L	G	Z	Z	A
K	F	I	F	R	N	W	M	N	I	E	G	K	L	I	S	R	M	Z
D	W	U	E	W	T	F	M	Z	N	B	Q	F	B	O	Z	Y	I	E
P	L	D	B	X	I	U	W	H	Y	O	L	E	G	G	U	E	N	W
J	P	O	Q	R	E	D	H	D	K	Q	S	R	G	N	E	D	L	M
D	K	H	Q	C	G	H	D	I	T	K	L	E	I	P	T	E	U	R
D	L	Q	S	N	M	N	C	D	L	O	A	P	B	M	S	I	N	P
T	Q	S	G	X	H	D	M	F	Q	Q	S	G	Q	X	Q	L	I	C
T	G	R	S	I	W	B	T	C	C	S	E	Y	G	S	Z	G	S	C
X	N	R	E	D	N	O	S	J	E	I	N	E	B	E	G	E	G	L
U	E	N	W	F	Y	H	D	F	S	U	J	L	A	K	J	D	E	N
N	H	E	T	I	A	O	G	T	K	N	P	K	D	V	V	Y	U	P
N	I	G	E	S	Y	R	I	Y	S	H	T	X	Q	N	U	U	U	S
W	B	R	G	H	G	D	O	Z	N	L	L	O	A	C	U	G	H	M

Lösung 26

Q	C	D	I	T	I	N	E	L	F	T	G	J	Y	A	Y	V	W	P
R	R	H	V	R	G	A	T	O	E	L	B	H	V	W	T	C	Q	I
W	G	O	J	Z	Y	U	I	K	F	R	V	Z	D	H	C	T	Z	R
O	Z	U	T	N	V	W	J	Q	R	Z	K	R	C	E	D	B	X	Y
C	Y	E	V	Z	I	C	Q	E	A	K	P	I	R	U	F	M	E	F
X	T	F	Q	X	V	N	N	E	W	F	N	N	S	N	N	R	I	W
D	B	S	D	X	R	F	I	Z	H	J	T	X	Y	E	A	D	G	Y
I	B	K	S	F	X	U	U	Y	E	E	I	R	Y	S	Z	Q	T	T
F	T	Q	E	A	Z	Y	U	U	N	D	I	W	A	S	I	U	E	M
S	L	V	Z	E	L	N	S	K	Q	S	E	O	P	A	N	Y	M	Q
Y	J	T	I	L	A	E	E	V	B	P	D	U	P	L	K	J	R	R
G	Z	T	J	R	C	Z	S	J	Y	Y	U	H	M	H	R	V	M	T
S	C	R	Y	V	Z	F	W	T	K	A	G	O	P	C	R	R	M	X
J	F	D	V	I	L	F	X	C	B	G	I	L	P	A	O	A	N	A
N	C	G	Y	X	Y	B	C	P	S	N	U	Q	E	N	B	F	Y	W
M	L	I	M	J	W	E	R	D	E	N	N	E	Z	E	R	D	N	H
B	W	H	M	J	F	T	N	X	D	S	A	Q	R	L	F	N	J	Z
I	N	P	U	P	C	Q	A	A	U	C	H	L	R	P	E	W	U	R
F	E	M	I	H	P	E	K	G	G	E	G	S	E	D	N	L	K	O
L	D	X	K	D	G	Z	A	W	X	U	T	N	N	Q	C	O	O	F
Z	R	P	D	M	R	Z	A	E	T	Q	U	I	I	D	C	P	J	U
T	E	C	G	M	O	I	H	E	F	A	F	C	E	T	K	N	V	L
G	W	M	J	F	L	N	S	R	W	I	R	H	S	J	U	S	L	L
Q	M	V	K	T	U	K	K	L	I	D	B	T	U	N	X	N	T	W

Lösung 27

```
M Q Q M P R S V T P E U P M A M F Q E
K Q X R D L D X I Q Y M B U C A U J T
R W H Z D V O Z G T K B L I V I P Q E
A E U N G J F N Q X T U R A L G G O U
D B R P I N W J R Z K W I L G K Y V H
E L K I Q E C H S O O K T G W A J X E
T X U R T M D I X Y Q V X R S R L A B
H B T B S M D B G C M G Z A N O T R C
U P N X R B W J M M H L Y O K C M J D
V H N Z J R G J L N K W K P V L Z L M
S Y F O A W Q W L D E N N H F E V L R
T S W W Y F L E I S S A Z J Q N B F L
I D D N U G V I O D H P F X K I Q O Y
E T C X Q A V W S F B M D A S A N K E
A E E S I Y Q Z P O P U L H M D L R E
M N F F C D U T D Y H P E B S R K D N
A I D D J A D K X P V Y B W S Y E O I
T A T H F R N H R H Z L E E W P A N F
Z F L A J A G K I J Z W N L Q R M G G
T R N L I U K C Q X L A A Z E P X R J
Y R E W E S Z K S Q W R Y B W A Y V D
B E M H H M C B I G D Y X L Z F V P H
D D V N A S X D T S K A X M Y F P Y I
V I X H H B L A G W H T E P X Y U P P
```

Lösung 28

```
Q J U K N V I Y L U S S B L D V Z C E
M Z A M R J O W P Z G J R B W E M E W
E D G I S T C D D J B W E Z N E Y F R
N F Y L C K F W N D U O Q Y I A A W B
I L E U C H T E U J A T C N U A W O Y
E C L U G F U S S E S J E H H H Y C E
M L E S A Y S E Y W T S H A Q V J N W
A S B W N U C M J M P Q M L F W R V I
N M X P Q S F Z J V Y N D J S D N M I
E N J O N B S X K O G R C U D E F I B
A K V N V M A M T Q K T F O T U G I Z
X C Y E W U B R I O X Z R K J L M E B
A D L J V W F C W E O U L N Y Y A P W
T F I N O V J L T R O W S P D T K S E
C I B Y C I C D B A A W D F S P S Y M
C H U Z K H S A R N B J I Q C A A N I
L A G L R J T R B S A O D P E U X J T
V L I C H T V J O P V Z G R O B E M N
W E P E B A U P G P F N V U M I A N T
D I N F S M B B T O D S D V N J T F K
R J F M D M O P W P Z C I J Z L F M L
D E I N J B I D Y H P F I R O T K K N
V A S J D W K E M S T S U L L I I B B
Z D H Y G T D W X L Q Y U M N O T Z I
```

Lösung 29

Weitere Wortsuchrätsel Sammelbände von Brian Gagg:

WORTSUCHRÄTSEL 4 in 1 SAMMELBAND 70iger, 80iger und 90iger Jahre
WORTSUCHRÄTSEL 2 in 1 SAMMELBAND 1. und 2. WELTKRIEG
WORTSUCHRÄTSEL 3 in 1 SAMMELBAND TENNIS, SQUASH und GOLF
WORTSUCHRÄTSEL 3 in 1 SAMMELBAND TISCHTENNIS, BADMINTON und MINIGOLF
WORTSUCHRÄTSEL 3 in 1 SAMMELBAND EISHOCKEY, FELDHOCKEY und SKISPORT
WORTSUCHRÄTSEL 3 in 1 SAMMELBAND FUßBALL, HANDBALL und BASKETBALL
WORTSUCHRÄTSEL 3 in 1 SAMMELBAND VOLLEYBALL, BOWLING und SCHWIMMSPORT
WORTSUCHRÄTSEL 3 in 1 SAMMELBAND REITSPORT, RADSPORT und SCHACH
WORTSUCHRÄTSEL 4 in 1 SAMMELBAND ANGELN, POKERN, FALLSCHIRMSPRINGEN und SKAT
WORTSUCHRÄTSEL 2 in 1 SAMMELBAND MUTTER und VATER
WORTSUCHRÄTSEL 2 in 1 SAMMELBAND OMA und OPA
WORTSUCHRÄTSEL 2 in 1 SAMMELBAND SCHWESTER und BRUDER
WORTSUCHRÄTSEL 3 in 1 SAMMELBAND BLUMEN, GARTEN und GRILLEN
WORTSUCHRÄTSEL 2 in 1 SAMMELBAND HUNDE und KATZEN
WORTSUCHRÄTSEL 3 in 1 SAMMELBAND SOMMER, HERBST und HALLOWEEN
WORTSUCHRÄTSEL 3 in 1 SAMMELBAND WINTER, WEIHNACHTEN und BIBELVERSE
WORTSUCHRÄTSEL 3 in 1 SAMMELBAND FRÜHLING, OSTERN und GEBURTSTAG
WORTSUCHRÄTSEL 3 in 1 SAMMELBAND BERLIN, MALLORCA und URLAUB
WORTSUCHRÄTSEL 3 in 1 SAMMELBAND UFO, SCIENCE FICTION und HORROR
WORTSUCHRÄTSEL 3 in 1 SAMMELBAND LEHRER, SCHULE und SPORTARTEN
WORTSUCHRÄTSEL 3 in 1 SAMMELBAND KRANKENPFLEGE, GLÜCK und BIBELVERSE
WORTSUCHRÄTSEL 3 in 1 SAMMELBAND KRIMINALITÄT, AUTOMARKEN und LUSTIGE SCHIMPFWORTE
WORTSUCHRÄTSEL 3 in 1 SAMMELBAND FREUNDSCHAFT, GLÜCK und LIEBESZITATE
WORTSUCHRÄTSEL 7 in 1 SAMMELBAND FRÜHLING, OSTERN, SOMMER, HERBST, HALLOWEEN, WINTER und WEIHNACHTEN
WORTSUCHRÄTSEL 6 in 1 SAMMELBAND TENNIS, TISCHTENNIS, GOLF, BADMINTON, SQUASH und MINIGOLF
WORTSUCHRÄTSEL 6 in 1 SAMMELBAND FUßBALL, FELDHOCKEY, EISHOCKEY, HANDBALL, BASKETBALL, SKISPORT
WORTSUCHRÄTSEL 6 in 1 SAMMELBAND VOLLEYBALL, RADSPORT, SCHWIMMEN, SCHACH, BOWLING und REITSPORT
WORTSUCHRÄTSEL 6 in 1 SAMMELBAND MUTTER, VATER, OMA, OPA, BRUDER und SCHWESTER
WORTSUCHRÄTSEL 4 in 1 SAMMELBAND BLUMEN, GARTEN, GRILLEN und SOMMER
WORTSUCHRÄTSEL 5 in 1 SAMMELBAND UFO, SCIENCE FICTION, HORROR, KRIMINALITÄT und HALLOWEEN
WORTSUCHRÄTSEL 6 in 1 SAMMELBAND BERLIN, MALLORCA, URLAUB, FREUNDSCHAFT, GLÜCK und LIEBESZITATE
WORTSUCHRÄTSEL 6 in 1 SAMMELBAND LEHRER, SCHULE, SPORTARTEN, GLÜCK, KRANKENPFLEGE und BIBELVERSE
Alle Themen auch als Einzelbücher verfügbar